Der Nachbar

Frieslandkrimi von Moa Graven

Impressum
Der Adler - Der Nachbar - Ein Fall für Joachim Stein, Mona Lu und Hauke in Friesland - Band 5
Frieslandkrimi von Moa Graven
Alle Rechte am Werk liegen bei der Autorin
Erschienen im Criminal-kick-Verlag Leer (Ostfriesland)
August 2017
ISBN 978-3-946868-16-3
Umschlaggestaltung: Moa Graven

Zum Inhalt

Mona Lu hat Geburtstag. Einer dieser Tage, die man wegen ihr aus dem Kalender streichen könnte. Sie sitzt alleine in ihrem Haus. Es ist schon ziemlich kalt für den November. Sie trinkt Wein und sieht ins Nichts. Doch dann erregt ein junger Mann im roten Anorak beim Haus gegenüber ihre Aufmerksamkeit. Eigentlich steht das Haus leer. Doch er trägt etwas hinein.
Eingelullt von der Wärme und dem Wein nickt sie auf dem Sofa ein. Sie vergisst den Vorfall, als sie am Abend mit Hauke essen geht.
Doch in der Nacht brennt der Schuppen bei dem Haus ab. Hat der Mann in dem roten Anorak damit zu tun? Er ist nämlich wie vom Erdboden verschwunden. Und dann zieht ein Mann in das Haus, der die gleiche Jacke trägt, aber um vieles älter ist. Wie passt das alles zusammen? Zu allem Überfluss werden in den Überresten im Schuppen auch Hinweise auf eine menschliche Leiche gefunden und Mona Lu ermittelt, und ist auf ganz emotionale Weise direkt betroffen.

Mein Haus, mein Garten

Der erste November im eigenen Haus. Für Mona Lu hatte dieser Monat immer etwas ganz besonderes. Als Skorpion lag es ihr, feine Stimmungen zu erahnen. Und gerade im November, wo sie ihren Geburtstag feierte, war sie besonders sensibel. Doch feiern konnte man es eigentlich nicht nennen, was sie an diesem zweiten November 2017 machte.

Sie saß alleine auf ihrem Sofa und sah aus dem Fenster. Der Garten hatte sich längst zurückgezogen und auf den bevorstehenden Winterschlaf vorbereitet. Und manchmal wünschte sich Mona Lu, genau dasselbe zu tun. Einfach mal ganz lange schlafen und erst im Frühling wieder aufwachen.

Denn den Winter, den mochte sie nicht.

Hauke hatte in der Redaktion zu tun, weil jetzt bereits die heiße Phase für die Weihnachtswerbung lief. Da musste selbst ein gestandener Journalist mit einspringen, um alle Kundenwünsche umzusetzen. Vor zwei Jahren, da war das noch anders gewesen. Da waren im Herbst drei Aushilfskräfte eingestellt worden, die sich um die Werbeseiten kümmerten. Doch der Verlag musste sparen, denn immer weniger Menschen abonnierten eine Zeitung aus Papier. Und wo sparte man zuerst? Natürlich bei den

Angestellten. Das war bei einer Zeitung genauso wie bei der Polizei. Denn auch dort war man im Grunde notorisch unterbesetzt, so dass die Kollegen mittlerweile auch über die Bundesländer hinweg tingelten, wenn es zu größeren Einsätzen kam.

Insofern lebe ich hier in einer ziemlichen Wohlfühloase, dachte Mona Lu und lächelte in sich hinein. Man ließ sie noch in Ruhe, weil sie in Friesland gute Arbeit leistete und jeden Täter früher oder später zur Strecke brachte.

Sie hatte sich zu ihrem Geburtstag einen neuen kleinen Ofen gegönnt und hörte es leise knistern. Sie hätte nicht mit dem Stadtleben tauschen mögen. Und immer mehr verstand sie Stein, der praktisch den ganzen Tag in seiner Mühle vertrödelte und sich selbst verwöhnte.

Die möglichen Pläne, vielleicht doch wieder nach draußen unter Menschen zu gehen, hatte er mittlerweile wieder begraben. Es seien zu viele Unwägbarkeiten, hatte er gemeint. Menschen seien unberechenbar. Und am Ende täte es ihm womöglich leid, seine entspannte Zurückgezogenheit gegen den Stress als beratender Polizeipsychologe eingetauscht zu haben.

Wahrscheinlich hatte er sogar recht.

Jetzt setzte auch noch ein leichter Nieselregen ein, bei dem Mona Lu glaubte, die ersten Schneeflocken entdeckt zu haben. Sie zog ihre graue Strickjacke fester um sich und kuschelte sich ein. Sie hatte lange nicht mehr gelesen. Auf dem kleinen Tisch neben dem Sofa lag der neueste Krimi von Jo Nesbó. Ein Schriftsteller, den sie erst vor einem halben Jahr entdeckt hatte und seitdem ein Buch nach dem anderen von ihm las. Er schrieb so, wie sie sich manchmal fühlte.

Sie stand auf und holte sich ein Glas Rotwein und setzte sich dann mit dem Buch wieder aufs Sofa.

Als sie die ersten zehn Seiten gelesen hatte, merkte sie, dass sie etwas störte. Da draußen bei dem Haus, das schon seit über zwei Jahren leerstand, war jemand. Er trug einen dunkelroten Anorak und hatte die Kapuze über den Kopf gezogen, so dass sie sein Gesicht nicht sehen konnte. Doch es war eindeutig ein Mann. Was machte er da? Hatte er das Haus gekauft?

Mona Lu legte das Buch zur Seite und konzentrierte sich darauf, was da nebenan vor sich ging.

Der Mann bückte sich und hob etwas auf. War das Holz? Schon möglich. Dann trug er etwas ins Haus. Wenn er einen Schlüssel hatte, dann musste ihm das Haus wohl jetzt gehören. Ich habe einen Nachbarn zum Geburtstag bekommen, dachte Mona Lu und musste lachen. Aber zum

Glück war er weit genug weg, so dass es wohl nicht zu großen Berührungspunkten kommen würde. Sie mochte es nicht, mit Menschen reden zu müssen, nur weil sie in unmittelbarer Nähe von ihr waren. Sie suchte sich gerne selber aus, mit wem sie engeren Kontakt hatte.

Die Tür zum Haus stand jetzt offen und Mona Lu wartete darauf, dass der Mann wieder nach draußen kam. Es dauerte eine halbe Ewigkeit und fast hatte sie das Interesse verloren, als sie den roten Anorak im Halbdunkel des Eingangs wieder aufblitzen sah. Diesmal hatte er die Kapuze heruntergezogen und sie konnte sein Gesicht sehen. Es war ein Mann, da hatte sie richtig gelegen. Sie schätzte, dass er höchstens fünfunddreißig bis vierzig war. Also noch ziemlich jung und praktisch in ihrer Altersgruppe. Sicher zog er da nicht alleine ein. So jemand war nicht Single, wenn er so ein großes Haus kaufte.

Dass er groß, schlank und dunkelhaarig war, steigerte ihr Interesse obendrein. Ob sie mal rübergehen sollte, und fragen, was er da machte?

Nein, das wäre nun wirklich zu plump gewesen. Und hier von ihrem Beobachtungsposten aus hatte sie alles unter Kontrolle.

Der Mann bückte sich jetzt wieder und trug erneut etwas ins Haus. Hätte sie doch nur ihre Hecke geschnitten, wie es Hauke vorgeschlagen hatte. Doch sie mochte es lieber, wenn ihr Garten wucherte und das Haus praktisch versteckte. Sie mähte keinen Rasen und ließ alles wachsen.

Von der Wärme, die der Ofen verströmte und von dem Glas Wein, das mittlerweile geleert war, wurde Mona Lu plötzlich schläfrig. Sie lehnte sich ein wenig zurück und es dauerte keine zehn Minuten und sie sank in einen wohligen Schlaf.

In der Redaktion

Hauke raufte sich die Haare. Am liebsten hätte er sich einen Bunsenbrenner gekauft und sämtliche Artikel, die mit Werbung zu tun hatten, in Brand gesetzt. Wie er es hasste, diese Lobhudelei auf die schönste Zeit des Jahres. Das war doch alles nur eine große Farce. In den meisten Familien brach gerade zu Weihnachten das reinste Chaos aus. Manche Ehepaare ließen sich hinterher sogar scheiden. Weihnachten war für eine Beziehung noch gefährlicher als gemeinsame Urlaubsreisen.

Immer wieder sah er auf die Uhr. Gleich war es schon sechs. Draußen war es schon lange dunkel. Und er hatte Mona Lu versprochen, am Abend mit ihr essen zu gehen zur Feier des Tages. Ein Nein, wie es ihr schon auf der Zunge lag, ließ er nicht gelten. Wenn sie schon keine Lust auf eine Party mit Freunden hatte, dann wollte er sie wenigstens zum Essen einladen.

Der Tisch war für neunzehn Uhr dreißig bestellt und ihm schwante, dass es verdammt knapp werden würde. Er musste noch drei Seiten mit Werbetexten dichtmachen und er konnte ja nicht bei jedem Kunden dasselbe schreiben.

Besser, er rief bei Mona Lu an, dachte er.

»Ja«, kam es verschlafen vom anderen Ende.

»Mona, schläfst du etwa an deinem Geburtstag?«

»Ich glaube wohl. Es war so gemütlich. Was ist denn los?«

»Wir wollten doch nachher essen gehen.«

»Können wir ja auch ...«.

»Ja. Ich rufe nur an, weil ich nicht weiß, ob ich wirklich pünktlich hier herauskomme. Ich muss noch so viel Zeugs zu Weihnachten schreiben. Das hängt mir wirklich so langsam zum Hals raus.«

Mona Lu lachte. »Hoffentlich bist du der Einzige, der so schräg drauf ist um diese Jahreszeit. Sonst kann ich bald einen Weihnachtsmord aufklären.«

»Ha ha. Aber ich beeil mich, versprochen.«

»He, lass dir Zeit. Ich habe im Moment sowieso keinen Hunger. Und der Tisch ist ja reserviert. Also kann nichts passieren.«

»Na, deine Ruhe möchte ich haben. Ich mach dann hier mal weiter.«

Sie legten auf.

Was für eine Frau, ging es Hauke durch den Kopf. Andere Vertreterinnen ihres Geschlechts probierten schon seit Wochen Weihnachtsdeko aus, buken die ersten Plätzchen und organisierten Weihnachtsfeiern.

Irgendwie hatte er es wirklich gut getroffen mit ihr. Es wäre das erste gemeinsame Weihnachtsfest in ihrem Haus. Er hatte seine Wohnung noch immer nicht aufgegeben, weil Mona Lu ihn dazu nicht ermunterte.

Doch die meiste Zeit war er eigentlich bei ihr. Und es ärgerte ihn, dass er die Miete und die laufenden Kosten praktisch zum Fenster rausschmiss.

Aber ausgerechnet an ihrem Geburtstag würde er das Thema natürlich nicht anschneiden.

Frustriert wandte er sich wieder der schönsten Zeit des Jahres zu und haute in die Tasten, so dass die Engel im Himmel bestimmt einen Schrecken bekamen, während sie rosa Wölkchen buken.

In der Mühle

Joachim Stein wusste, dass heute Mona Lus Geburtstag war. Und er wusste auch, dass es sie nicht im Geringsten juckte. Deshalb hatte er sie weder angerufen noch ein Geschenk für sie besorgt. Er erinnerte sich daran, dass sie einmal gesagt hatte, dass es keinen Grund für sie zum Feiern gäbe, nur weil sie immer älter wurde. Und vielleicht hatte sie recht. Ihn selber scherte sein Geburtstag ja auch nicht. Manchmal vergaß er ihn mittlerweile sogar.

Er hatte es sich mit einem deftigen Rübeneintopf auf dem Sofa gemütlich gemacht. Der Ofen spendete eine warm wohlige Atmosphäre und in dem fahlen Licht einer Stehlampe las er jetzt eine Ausgabe der FAZ aus dem Oktober 2016. Er hatte wohl vergessen, sein Abo abzubestellen und so waren eines Tages drei Kartons geliefert worden, die noch für seine alte Adresse in Frankfurt bestimmt gewesen waren und irgendwo gehortet wurden, bis man seinen Aufenthaltsort in Horumersiel ausfindig gemacht hatte.

Auch jetzt hatte er das Abo noch nicht beendet und bekam jeden Tag eine neue Ausgabe, die er unten im Erdgeschoss sammelte. Wenn er sich den Winter über anstrengte, dann konnte er es bis zur Ausgabe Anfang 2017 schaffen. Aber das war es nicht allein. Die meiste Zeit verbrachte er wohl damit, Mona Lu und Hauke bei der Klärung von Verbrechen zu unterstützen.

Eine Zeitlang hatte er sogar mit dem Gedanken gespielt, auf Stundenbasis als externer Polizeipsychologe zu arbeiten. Diese Idee erschien ihm jetzt, wo er hier gemütlich auf dem Sofa saß, absurd. Man konnte sich das Leben auch unnötig schwermachen.

Manchmal beschäftigte er sich mit der Frage, was wohl perspektivisch aus Mona Lu und Hauke werden würde. Er selber hatte die Idee einmal gut gefunden, dass die beiden ein Paar waren. Doch mittlerweile war er sich da nicht mehr so sicher, dass es wirklich Sinn machte. Hauke fehlte einfach der siebte Sinn für eine Frau wie sie. Man musste ihre Wünsche mehr erahnen, als dass sie diese von sich aus preisgab. Und im Raten war Hauke eigentlich schon immer schlecht gewesen. Für ihn zählten Fakten. Er war eben ein Journalist. Und er war noch immer nicht ganz bei ihr eingezogen. All das sprach doch dafür, dass sie nicht wirklich füreinander bestimmt waren.

Als er mit dem Essen fertig war, räumte er den Tisch ab und warf einen Blick nach draußen. Es war außergewöhnlich kalt für Anfang November. Und jetzt hatte auch noch ein leichter Regen eingesetzt.

Er setzte Wasser für einen Tee auf und ging dann doch kurz auf die Galerie, um frische Luft zu schnappen. Dorado hatte sich aufgeplustert und sah zu ihm von einem geschützten Platz aus herüber. Niemand versteht mich besser als dieses Tier, dachte Stein. Und es wunderte ihn nicht.

Jetzt erkannte er, dass sich auch kleine Schneeflocken unter den Regen mischten. Er schüttelte sich und ging wieder in die Mühle.

Dort goss er den Tee auf und stellte die Kanne auf ein Stövchen.

Erst, als er sich wieder aufs Sofa setzen wollte, kam ihm etwas in den Sinn, das ihm merkwürdig erschien. Er hatte es nur aus dem Augenwinkel heraus mehr erahnt denn gesehen. Aber da war ein blauer Wagen am Eingang des Waldes gewesen. Es war nicht ungewöhnlich, dass Spaziergänger, die mit ihren Hunden unterwegs waren, dort ihren Wagen abstellten. Doch für seinen Geschmack war der Wagen etwas zu weit in den Wald hineingefahren.

Da ihm dieser Gedanke keine Ruhe ließ, ging er noch einmal nach draußen und sah jetzt angestrengt in die Richtung. Doch da war kein Wagen. Er musste sich wohl getäuscht haben.

Das Feuer

Von dem Geräusch, das Haukes Schlüssel in der Tür machte, wurde Mona Lu wieder wach. Sie brauchte einen Moment, um zu sich zu kommen. Draußen war es stockdunkel und die Kerze, die ihr vorhin noch Licht gespendet hatte, war heruntergebrannt.

Dann flammte das Deckenlicht auf.

»Mona? Was machst du da?«, fragte Hauke irritiert. »Ich dachte schon, du seist gar nicht da, weil alles dunkel war.«

»Oh, ich muss wohl eingeschlafen sein. Es war so kuschelig und mittlerweile ist die Kerze ausgegangen. Ich muss lange geschlafen haben. Wie spät ist es denn?«

»Gleich sieben. Und dass du die Kerze hast brennen lassen, während du schliefst, das will ich lieber nicht gehört haben. Ist dir denn nicht klar, wie viele Menschen durch so einen fahrlässigen Umgang damit deswegen schon ums Leben gekommen sind?«

»Bestimmt hast du eine Statistik zur Hand«, sagte Mona Lu und gähnte laut.

»Hier, die sind für dich«, sagte Hauke jetzt versöhnlicher und hielt ihr rote Rosen hin, die er hinter dem Rücken versteckt gehalten hatte. Er beugte sich zu ihr herunter und küsste sie auf den Mund.

»Danke, das ist lieb«, sagte sie. »Aber du weißt, dass das nicht nötig gewesen wäre. Ich mache mir nichts aus meinem Geburtstag.«

»Aber ich«, beharrte Hauke. »Und jetzt solltest du dich schick machen, denn wie du weißt, habe ich habe uns einen Tisch bestellt.«

Mona Lu sprang vom Sofa auf. Wenn sich jemand schon so viel Mühe machte, dann konnte sie wenigstens mitspielen.

Eine halbe Stunde später bestellten sie bereits und tranken ihren ersten Rotwein. Und auch wenn das Ambiente und der Anlass einen schönen Abend versprachen, so war da doch etwas zwischen ihnen beiden, das unausgesprochen im Raum hing. Schon seit einiger Zeit hatte Mona Lu das Gefühl, dass sie aneinander vorbei redeten. Ein schleichender Prozess in Partnerschaften, das wusste sie von vielen Gesprächen mit Freundinnen und Bekannten.

Und natürlich war es da nur logisch, dass es auch ihre eigene Beziehung treffen würde. Aber so schnell? Es mochte daran liegen, dass sie sich im Grunde schon lange kannten. Vielleicht zu lange. Und waren sie nicht auch viel zu verschieden in Wirklichkeit?

Und dann war da noch etwas anderes, was sie zu dieser kritischen Betrachtungsweise eines eigentlich schönen Abends inspirierte. Dieser Mann im roten Anorak. Sie hatte ihn zwar nur kurz gesehen, doch er hatte ihr gefallen. Sein großer schlaksiger Körperbau. Sein dunkles Haar und die feinen Gesichtszüge. Er war geheimnisvoll. Und das reizte sie.

»Wo bist du mit deinen Gedanken?«, fragte Hauke plötzlich und sie fühlte sich ertappt.

»Ach, nichts Besonderes«, wich sie aus. Und auch das geschah in vielen Partnerschaften, dass der eine an einen anderen dachte als ausgerechnet an seinen eigenen Partner. Es wäre unfair, ihm das jetzt unter die Nase zu halten. Eigentlich war alles unfair, was sie hier an diesem Abend mit Hauke machte, dachte sie und sah ihn lächelnd an, damit er sich nicht schlecht fühlte und am Ende sich die Schuld dafür gab, dass sie nicht fröhlich war.

»Wir können auch gleich nach Hause gehen«, schlug er vor. »Auf dem Sofa ist es doch sowieso gemütlicher.«

»Ja, das ist eine gute Idee. Aber du hast nun mal den Tisch hier bestellt, da sollten wir schon noch bis zum Dessert aushalten.«

Autsch, das ging jetzt bestimmt nach hinten los. Und prompt reagierte Hauke entsprechend.

»Aushalten?«, fragte er und die Farbe entwich seinen Gesichtszügen.

»Leg jetzt bitte nicht alles auf die Goldwaage, was ich sage.«

»Sorry, aber wenn du es mit mir an deinem Geburtstag nur aushältst, dann weiß ich nicht …«.

»Hör jetzt auf«, zischte Mona Lu. »Die Leute gucken schon.«

Es herrschte eisiges Schweigen zwischen ihnen.

Und Mona Lu fragte sich, wie es eigentlich dazu gekommen war. War es ihre Schuld? Hätte sie Hauke gleich sagen sollen, dass er sich um Himmels willen mit Überraschungen zurückhalten sollte? Aber was war daran denn so besonders, wenn er mit ihr essen ging? Er hatte sie ja nicht auf den Mount Everest verschleppt.

»Es tut mir leid«, sagte sie kleinlaut, als er betreten auf den Teller vor sich sah. »Ich habe es nicht so gemeint. Und ich weiß ja auch, dass du mir nur eine Freude machen wolltest.«

»Das ist der Punkt«, flüsterte Hauke über den Tisch hinweg, »du willst eigentlich gar nicht, dass man etwas für dich tut. Und vielleicht willst du nicht einmal geliebt werden.«

Sie sah ihn nachdenklich an. Auch wenn Hauke nicht zu den einfühlsamsten Menschen gehörte, die sie kannte, vielleicht hatte er in dem Punkt sogar mal ins Schwarze getroffen.

Sicher interpretierte er ihr Schweigen in die Richtung, dass der Abend jetzt endgültig gelaufen war, denn er schob seinen Teller beiseite.

»Ich bestelle uns noch einen Rotwein«, sagte sie und er sah sie überrascht an. »Du hast bestimmt mit allem Recht, was du sagst, und darauf trinken wir.«

Letztendlich entspannte sich die Situation zwischen ihnen, weil die Kratzbürstigkeit, die Mona Lu bis dahin beherrscht hatte, mit einem Mal von ihr abfiel.

Erst gegen kurz vor halb zwölf verließen sie das Lokal und liefen Arm in Arm zum Taxi, das der Ober für sie bestellt hatte.

»Ich hab die Rosen ganz vergessen«, jammerte Mona Lu, als sie die Tür zu ihrem Haus aufschloss. »Hoffentlich sind sie nicht schon vertrocknet.«

»Bestimmt nicht«, lallte Hauke, »die haben ein genauso dickes Fell wie ich.«

Er kicherte und schob sie vor sich her ins Haus.

Während sie die Rosen ins Wasser stellte, ging er schon ins Bad und lächelte in den Spiegel, während er sich die Zähne putzte.

Mona Lu brachte die Blumen zu dem kleinen Tischchen neben dem Sofa und schwor sich, gleich ganz furchtbar lieb zu Hauke zu sein.

Doch etwas war komisch, als sie aus dem Fenster sah. Nein, es war nicht nur komisch, es war beängstigend.

Der kleine Schuppen neben dem leerstehenden Haus, wo sie am Nachmittag den Mann mit dem roten Anorak gesehen hatte, stand lichterloh in Flammen.

»Hauke!«, rief sie und war im nächsten Moment wieder stocknüchtern. »Komm schnell, es brennt.«

»Was ist los?!«

In Sekundenschnelle war er bei ihr.

»Da drüben bei dem Haus ...«.

Jetzt sah auch er, wie die Flammen um sich schlugen.

»Ich ruf die Feuerwehr«, sagte er und griff zum Handy.

Dort war man schon anderweitig informiert worden und ein Einsatzwagen war bereits unterwegs.

Im nächsten Moment hörten sie die herannahenden Sirenen.

»Was für ein Glück, dass da niemand wohnt«, meinte Hauke.

»Aber ich habe da heute Nachmittag einen jungen Mann gesehen«, korrigierte Mona Lu. Jetzt konnte sie ja gefahrlos davon erzählen.

»Einen jungen Mann? Ich dachte, das Haus stünde leer.«

»Ja, das dachte ich auch. Aber ich habe ihn gesehen. Er hat etwas ins Haus getragen.«

»Na ja, man wird sehen, was die Feuerwehr gleich macht. Ich geh mal raus und mach ein paar Fotos.«

»Ich bleib hier«, sagte Mona Lu und sank aufs Sofa.

Aus sicherer Entfernung sah sie dabei zu, wie der Löschtrupp den Brand so nach und nach in den Griff bekam, ohne dass die Flammen auf das Haus überschlugen. Das Blaulicht warf helle bizarre Lichter in ihr Wohnzimmer und sie hatte das Gefühl, in einem irrealen Film zu Gast zu sein. Zwei Flaschen Rotwein war eben eine für jeden.

Als Hauke ins Haus zurückkam, war sie auf dem Sofa eingeschlafen. Er weckte sie.

»Alles so weit in Ordnung«, flüsterte er, während er einen Arm um sie legte und sie hochzog. »Es ist nur der Schuppen abgebrannt.«

Der Geruch von Asche

Als Hauke am nächsten Morgen nach einem Katerfrühstück mit viel Kaffee und einem Toast mit Marmelade und einer Aspirin in die Redaktion fuhr, um über den Brand zu schreiben, machte Mona Lu sich auf den Weg zu dem Haus.

Der Geruch von kalter Asche zog in ihre Nase, als sie vor den Überresten des Schuppens stand. Man würde Untersuchungen anstellen, um herauszufinden, ob es sich um Brandstiftung handelte.

In dem vielen grauen Staub konnte Mona Lu die Überreste von altem Werkzeug und einem Behälter erkennen, der vielleicht einmal für Laub gedacht war. Überall lagen verkohlte Teile herum. Der ganze Schuppen war im Prinzip restlos niedergebrannt.

Neugierig ging Mona Lu zum Haus und spähte durch ein Fenster ins Innere. Alte Möbel, ein Sofa, ein Tisch und alte Schränke. Sie wusste nicht einmal, wer hier früher gewohnt hatte. Schon als sie in Odas Haus eingezogen war, stand dieses Haus hier leer.

Ob der Mann mit dem roten Anorak den Brand absichtlich gelegt hatte? Und wer war er? Was hatte er in dem Haus gemacht? Sie ärgerte sich, dass sie gestern eingeschlafen war. Hätte sie doch nur durchgehalten, dann wüsste sie jetzt, wie lange er dort gewesen war und gegebenenfalls auch, ob er noch in den Schuppen gegangen war, um dort alles für ein nächtliches Feuer vorzubereiten.

Sie ging weiter um das Haus herum und drückte sogar auf die Türklinke vorne und dann auch an der abgeblätterten Tür hinter dem Haus. Alles war verschlossen. Sie war kurz davor, die kleine Scheibe an der Hintertür einzudrücken und unbefugt ins Haus einzudringen, als sie einen Wagen vor dem Haus hörte. Kurz darauf wurden Türen zugeschlagen und Stimmen unterhielten sich, wovon sie allerdings nichts verstand. Sie ging nach vorne.

Zwei Männer sahen sie neugierig an.

»Ich bin Mona Lu, ich wohne in der Nähe«, erklärte sie schnell. »Und außerdem bin ich bei der Polizei.«

»Ach, eine Kollegin«, meinte der Jüngere von beiden und lächelte sie an.

»Wir untersuchen hier die Brandursache«, fügte der Ältere hinzu.

»Die würde mich auch interessieren«, sagte Mona Lu. »Deshalb bin ich auch hier beim Haus. Ich wohne direkt gegenüber.« Sie zeigte in Richtung ihres Hauses. »Wir kamen gerade vom Essen, da war es nach Mitternacht, als ich das Feuer entdeckt habe.«

»Aber mit dem Fall zu tun hast du sicher nicht«, meinte der Jüngere jetzt. »Das Haus stand ja leer, es ist niemand zu Schaden gekommen.«

»Nein, offensichtlich nicht«, sagte sie. Sollte sie von ihrer Beobachtung erzählen? Wohin würde das führen? Am Ende hielt man sie noch für überspannt. »Aber ich habe da gestern jemanden gesehen ...«, sagte sie dann doch.

»Ach was?« Der Ältere sah jetzt ein wenig genervt aus. Vermutlich wollte er endlich loslegen. »Dann solltest du dich darum kümmern. Wir gehen jetzt in den Schuppen, irgendwann will man ja auch mal Feierabend haben.«

Er ließ die beiden stehen und ging los.

»Mach dir nichts draus«, sagte der Jüngere. »Er ist oft so ungeschickt, wenn es um das Zwischenmenschliche geht. Ich bin übrigens Rüdiger.«

»Okay, Rüdiger, dann solltest du dich jetzt lieber auch an die Arbeit machen. Ich komme schon zurecht.«

Er zwinkerte ihr zu und ging seinem Kollegen nach, der bereits seinen weißen Anzug übergezogen hatte.

Mona Lu wusste nicht so recht, was sie jetzt machen sollte. Sie konnte unmöglich in das Haus einbrechen, wenn zwei Kollegen von ihr den Schuppen untersuchten.

Sie ging wieder rüber zu ihrem Haus, nachdem sie ein paar Fotos durchs Fenster gemacht hatte. Warum, das wusste sie eigentlich gar nicht.

In ihrer Wohnung langweilte sie sich und schließlich setzte sie sich in den Wagen und fuhr zur Mühle.

Novemberregen

Stein kramte gerade in seiner Tonne für die Post herum, als er den Wagen hörte. Dann erkannte er, dass es Mona Lu war.

Er blieb im Türrahmen stehen, bis sie ausgestiegen war und auf ihn zukam.

»Ich weiß, dass es dich nicht interessiert, deshalb sage ich jetzt auch nichts zum gestrigen Tag«, begrüßte er sie.

Mona Lu verstand nicht ganz. »Wie?«

»Na, dein Geburtstag.«

»Ach so. Das ist doch schon Geschichte. Aber es ist etwas anderes passiert. Gestern Nacht gab es ein Feuer bei dem Haus gegenüber. Vielleicht erinnerst du dich daran. Es steht schon lange leer.«

»Hm ... nicht unbedingt. Wollen wir reingehen? Es ist ziemlich kalt heute.«

»Klar. Und einen Tee nehme ich auch.«

Sie gingen hinein und Mona Lu sah die Bohrmaschine, mit der Stein ein Schild an seiner Mühle hatte anbringen wollen, achtlos in eine Ecke geworfen liegen. Manche Dinge änderten sich eben nie. Und der Adler würde wohl immer der Eigenbrötler bleiben, der nur nachts vor die Tür ging. Und manchmal wünschte sie sich, sie könnte ebenso sein. Sie mochte keine Veränderungen mehr, seitdem sie in ihrem eigenen Haus wohnte.

»Es hat also gebrannt«, nahm Stein den Faden wieder auf, als sie sich aufs Sofa gesetzt hatte, während er sich um den Tee kümmerte.

»Ja, es war unheimlich. Wir waren ziemlich angetrunken. Vielleicht habe ich es deshalb auch erst gesehen, als ich im Haus stand.«

»Und ist jemand zu Schaden gekommen?«

»Nein. Es stand ja leer. Nur der Schuppen ist restlos niedergebrannt.«

»Ach so, stimmt. Das sagtest du ja eben.«

»Doch etwas ist merkwürdig an der Sache ...«.

»Und was?«

»Ich habe gestern Nachmittag jemanden gesehen. Bei dem Haus, meine ich.«

»Vielleicht ist es verkauft worden und der neue Besitzer hat sich umgesehen«, schlug Stein vor.

»Das glaube ich nicht. Bisher habe ich da niemanden gesehen.«

»Du bist ja aber nicht immer zuhause.«

»Nein, aber man kriegt doch mit, wenn im Haus gegenüber jemand einzieht. Nein, ich bin mir sicher, dass ich gestern das erste Mal überhaupt jemanden dort gesehen habe.«

»Dann solltest du das den ermittelnden Kollegen sagen.«

»Das habe ich schon. Eben habe ich zwei Kollegen dort getroffen, die nach der Brandursache forschen.«

»Was heißt, du hast sie dort getroffen?«

»Na ja, ich war beim Haus, als sie eintrafen.«

»Aha.«

Stein stellte die Teekanne auf das Stövchen und setzte sich zu ihr aufs Sofa.

Das Feuer im Ofen wärmte angenehm und das Spiel der Flammen lud zum Träumen ein. Doch danach war Mona Lu jetzt beim besten Willen nicht.

»Na ja, ich habe mich eben da umgesehen«, sagte sie zur Erklärung.

»Dieser Typ, den du da gesehen hast, lässt dir wohl keine Ruhe.«

»Nein, natürlich nicht. Und wahrscheinlich hat er sogar das Feuer in dem Schuppen gelegt. Wenn ich ihn nur länger beobachtet hätte.«

»Und warum hast du nicht?«

»Ich bin eingeschlafen«, gab sie kleinlaut zu. »Ich hatte ein Glas Wein getrunken und es war so warm ...«.

»He, mir gegenüber musst du dich nicht entschuldigen«, antwortete Stein. »Schließlich hattest du Geburtstag. Da kann man doch machen, was man will.«

»Ha ha ... aber mal im Ernst, so langsam geht mir dieser Kindergeburtstagsquatsch ziemlich auf die Nerven. Ich hab mich gestern fast schon mit Hauke deswegen in die Wolle gekriegt.«

»Ja, ich weiß ... lassen wir das Thema. Kannst du den Mann beschreiben, den du gesehen hast?«

Sie schilderte ihm noch einmal die wenigen Details, die sie beobachtet hatte.

»Hört sich interessant an«, meinte er. »Bestimmt hast du aber kein Foto gemacht.«

Mona Lu rollte mit den Augen. »Natürlich nicht. Aber hätte ich gewusst, dass nachts die Hütte brennt, hätte ich sofort zur Kamera gegriffen.«

»Hinterher ist man immer schlauer. Ich will jetzt nicht besserwisserisch klingen, aber ich habe dich schon öfter darauf hingewiesen, dass man Dinge, die einem merkwürdig erscheinen, festhalten sollte.«

»Du klingst besserwisserisch ...«.

»Ich weiß.«

Er schenkte Tee ein und sie schwiegen.

»Stimmt etwas zwischen dir und Hauke nicht?«

»Was soll denn nicht stimmen?«, fragte sie gereizt zurück.

»Ich weiß nicht. Wenn du über ihn sprichst, dann hast du einen merkwürdigen Unterton.«

Sie seufzte. »Ach, das ist auch ein blödes Thema. Er hat gestern Abend zu mir gesagt, dass ich gar nicht geliebt werden möchte.«

»Interessant.«

»Was bitteschön ist daran denn interessant?«

»Manchmal ist Hauke gar nicht so dumm.«

»Das habe ich nie behauptet …«.

»Und du bist doch gereizt, wenn es um ihn geht.«

»Ich bin wegen deiner Fragerei gereizt und deiner Besserwisserei.«

»Ich kenne das Gefühl, wenn einem alles zu viel wird, nur zu gut. Deswegen bin ich ja auch in Frankfurt ausgetickt.«

»Das wird mir aber nicht passieren. Ich bin anders als du.«

»Glaubst du das wirklich? Aber letztlich ist es auch egal. Wir sollten uns wieder auf den großen Unbekannten konzentrieren.«

»Eine ausgesprochen gute Idee. Ich bin mir sicher, dass er etwas mit dem Feuer zu tun hat. Wer sollte es denn sonst gelegt haben?«

»Warten wir ab, was die Kollegen in den Überresten finden. Hat man die Brandursache, dann kann man weitere Schlüsse ziehen. Bist du schon im Haus gewesen?«

»Nein, leider nicht. Ich wollte gerade einbrechen, als die Kollegen kamen.«

Stein lachte auf. »So gefällst du mir schon besser.«

»Vielleicht versuche ich es heute Abend noch einmal, wenn die Kollegen weg sind. Es lässt mir keine Ruhe, was in dem Haus ist. Bestimmt weißt du, was ich meine.«

»Klar. Und ich werde mitkommen. Sagen wir gegen neunzehn Uhr?«

»Oh ja.« Sie kicherte und freute sich wie ein kleines Kind.

»Dieser kalte Regen um diese Jahreszeit ist das Schlimmste«, sagte sie, als sie später bei ihrem Wagen standen.

»Ja, da hast du recht. Man hat das Gefühl, es würden einem kleine spitze Eiszapfen in die Haut gebohrt.«

»Wir sehen uns später beim Haus«, sagte sie und gab ihm einen Kuss auf die Wange.

»Wofür war das?«, fragte Stein.

»Dafür, dass du mir immer das letzte Wort lässt«, lachte sie und stieg in den Wagen.

Bei Nacht und Nebel

Hauke hatte angerufen und Mona Lu darüber informiert, dass es wegen des Scheiß Weihnachtsfestes verdammt spät werden würde. Genauso hatte er es ausgedrückt und sie konnte seinen Frust verstehen.

Und insgeheim war sie froh darüber. Konnte sie doch so ohne große Erklärungen gleich zu dem Haus hinübergehen und es mit Stein unter die Lupe nehmen.

Schon um kurz vor Sieben zog sie ihre dicke Jacke und die Handschuhe über und legte auch ihren Schal um, bevor sie losging.

Diesmal ging sie querfeldein über das Feld, das zwischen ihrem dem anderen Haus lag. Es sah sie ja niemand.

Als sie drüben ankam, schlich Stein bereits um das Haus herum.

»He, du bist schon da«, grüßte sie ihn. Doch sie bekam keine Antwort. Stattdessen drehte der Mann sich wie in Zeitlupe zu ihr um. Sie schaltete nicht sofort und sah das Unheil nicht kommen. Im nächsten Moment wurde es ihr schwarz vor Augen.

»Mona Lu«, hörte sie wie aus ganz weiter Ferne. »Wach auf. Was ist mit dir passiert?«

Als Stein bei dem Haus angekommen war, hatte er Ausschau nach ihr gehalten. Er konnte sie nirgends entdecken und lief noch einmal um das Gebäude herum, bis er dann über ihren am Boden liegenden leblosen Körper praktisch gestolpert war.

»Wo bin ich?«, fragte sie jetzt mit schwacher Stimme. Sie kam hoch und er hielt noch immer ihren Oberkörper, indem er stützend einen Arm in ihren Rücken legte.

»Du bist offensichtlich überfallen worden«, sagte er und zog sie in die Senkrechte. Dann gingen beide hinüber zur Hauswand, damit sie sich abstützen konnte.

»Ich verstehe das nicht.« Sie rieb über ihre Stirn. »Ich habe dich gesehen und dann ... ich weiß nicht mehr, was dann passiert ist.«

»Du hast mich nicht gesehen«, antwortete er. »Ich bin doch eben erst gekommen.«

»Aber wer war es dann?«

»Jemand, der sich wohl durch deine Anwesenheit gestört fühlte. Wobei auch immer. Aber wer schleicht hier in der Kälte und der Dunkelheit ums Haus?«

»Wir beide«, sagte sie und lachte jetzt sogar schon wieder.

Doch zum Lachen war Stein jetzt im Prinzip nicht. Jemand hatte seine beste Freundin angegriffen. Da verstand er keinen Spaß mehr.

»Du lagst mit deiner Vermutung sicher ganz richtig, dass hier merkwürdige Dinge geschehen«, sagte er jetzt.

»Schön, dass du mir Recht gibst. Der Schuppen hat nicht zufällig gebrannt. Und der Mann im roten Anorak hat damit zu tun.«

»Ja, das denke ich auch. Wie geht es dir? Sollen wir unsere nächtliche Exkursion lieber abbrechen?«

»Nein, auf gar keinen Fall. Ich will jetzt wissen, was hier los ist.«

Sie drehte ihren Kopf ein paar Mal hin und her und streckte ihren Rücken durch.

»Vielleicht habe ich morgen Kopfschmerzen von dem Schlag auf den Kopf. Aber sonst geht es mir gut. Wirklich.«

»Okay, dann lass uns reingehen. Desto eher können wir hier wieder verschwinden.«

Sie schlichen gemeinsam noch einmal um das Haus herum. Bei dem Schuppen roch es jetzt nach nassgeregneter Asche. Eine Mischung aus abgestandenem Qualm und vergangenen Illusionen.

Dann schlug Mona Lu die kleine Scheibe an der Hintertür ein und langte nach innen. Tatsächlich steckte der Schlüssel. Es war immer dasselbe, die Besitzer machten es den Einbrechern wahrlich leicht.

Als sie in das Haus hineingingen, roch es muffig. Die Kälte kroch förmlich aus den Wänden und schien sie anzuhauchen.

Mona Lu schaltete ihre Taschenlampe ein und hielt ihre andere Hand darüber, damit es nicht zu hell wurde. Es konnte durchaus sein, dass noch jemand anderes beobachtete, was hier vor sich ging.

Als sich ihre Augen an das Halbdunkel gewöhnt hatten, gingen sie von Raum zu Raum.

Sie ahnten, dass hier sehr lange niemand mehr am Küchentisch oder auf der Wohnzimmercouch gesessen hatte. Dafür fühlte sich alles viel zu klamm an. In den Schränken standen Geschirr und anderer Kram, für den sich niemand mehr interessierte.

»Es ist irgendwie unheimlich«, flüsterte Mona Lu.

»Aber es ist doch nur ein altes verlassenes Haus«, entgegnete Stein.

»Das glaube ich nicht.«

Sie standen jetzt vor einer Holztür mit einem groben Türgriff.

»Sicher führt dieser Weg in den Keller.« Mona Lus Herz schlug ihr bis zum Hals.

»Soll ich vorausgehen?«, fragte Stein.

Sie nickte.

Er drückte auf die Klinke, die mit einem leicht gequälten Unterton nachgab. Dann zog er die Tür auf. Mona Lu leuchtete in den Raum. Es führte tatsächlich eine schmale Holztreppe hinunter.

Stein stieg Stufe für Stufe hinab. Mona Lu folgte ihm und griff nach seiner Jacke. Einfach nur für das gute Gefühl.

Unten gab es nicht viel zu sehen. Es war ein großer Kellerraum, wie sie vermutet hatten. Es standen Regale dort mit gefüllten Einmachgläsern. Den Inhalt konnten sie bei diesem Licht nur erahnen.

Dann standen da noch ein alter verstaubter Kleiderschrank, ein Stuhl mit einer abgebrochenen Lehne, ein Karton mit Krimskrams und eine Gefriertruhe.

Wie gebannt sahen beide auf die Truhe.

»Was mag da drin sein?« Mona Lus Stimme klang ängstlich.

»Gleich werden wir es wissen.«

Stein ging zu der Truhe und zog den Deckel hoch. Es stank bestialisch. Automatisch hielten sich beide eine Hand vor Mund und Nase.

»Das ist ja ekelhaft.« Mona Lu wäre am liebsten nach oben gerannt. Sie leuchtete jetzt aber mit vollem Licht in das Innere der Truhe.

Es sah blutig aus darin.

»Ein Toter, den man hier entsorgt hat?«, fragte sie mehr sich selbst.

Stein dachte einen Moment länger nach und kam zu einem anderen Schluss.

»Ich würde sagen, dass es sich um aufgetautes Fleisch handelt. Die Truhe war offensichtlich defekt. Oder jemand hat den Stecker gezogen und den Deckel nicht richtig zugemacht.«

Mona Lu folgte jetzt mit ihrem Lichtkegel dem weißen Kabel, das von der Truhe bis zur Steckdose führte.

»Du hast recht. Der Stecker ist nicht drin.«

Sie war erleichtert, dass es sich bei ihrem Fund vielleicht nur um Schnitzel und Steaks handelte.

»Also vorerst keine Leiche«, stellte Stein fest. »Willst du auch noch den Schrank aufmachen?«

Mona Lus Blick wanderte zu dem Kleiderschrank. Dann nickte sie und griff zu dem Schlüssel, mit dem sich der Schrank öffnen ließ.

Es knarzte.

In dem Schrank hingen helle und dunkle Kleidung.

»Das sieht nach meiner Großmutter aus«, meinte Mona Lu.

»Es passt zum Haus. Es wohnte sicher schon lange niemand mehr hier. Aber die Frage ist, warum die ganzen Sachen hier geblieben sind. Weißt du eigentlich schon, wem das Haus gehört?«

Mona Lu schüttelte mit dem Kopf. »Nein, soweit bin ich noch nicht gekommen. Aber ich werde nach dem Angriff auf mich alles daran setzen, es in Erfahrung zu bringen, das kannst du mir glauben.«

»Lass uns wieder nach oben gehen. Aber sei vorsichtig mit dem Licht. Ich bin mir fast sicher, dass man uns beobachtet. Irgendetwas stimmt nicht mit diesem Haus.«

Mona Lu befolgte seinen Rat und ließ nur einen minimalen Lichtschein ihrer Taschenlampe entweichen. Und als sie oben waren, da reichte dann auch das Mondlicht, das durch die Glasscheibe der Vordertür fiel.

Sie gingen wieder hinten raus, wo sie hereingekommen waren.

»Ich werde wieder zur Mühle laufen«, sagte Stein, als sie wieder draußen waren. »Wenn du willst, dann kannst du gerne mitkommen.«

»Zu Fuß?«, fragte Mona Lu entgeistert. »Dann muss ich ja auch wieder ganz zurücklaufen. Nein, ich denke, ich komme morgen früh bei dir vorbei. Es ist besser, wenn ich jetzt nach Hause gehe, Hauke macht sich bestimmt schon Sorgen, wo ich bin.«

Sie verabschiedeten sich und Mona Lu sah Stein nach, der im aufsteigenden Nebel verschwand.

Sie selber hatte ein ziemliches Tempo eingelegt, als sie über die Wiese zurück zu ihrem Haus gelaufen war. Sicher hatte Stein recht, wenn er sagte, dass man sie im Auge hatte. Doch sie würde es von nun an genauso machen und alles über das Haus und seine kruden ehemaligen Bewohner herausfinden.

Hauke saß bereits auf dem Sofa, als sie die Haustür aufschloss.

»Mona, bist du es?«, rief er aus dem warmen Wohnzimmer.

»Sicher, wer sollte es denn sonst sein?«, fragte sie zurück und streifte ihre dicken Schuhe und die Jacke ab, die sie zusammen mit dem Schal achtlos zu Boden gleiten ließ.

»Wo warst du?«

Jetzt stand Hauke im Türrahmen und sah sie entgeistert an.

»Du siehst ja aus, als hättest den Leibhaftigen persönlich getroffen.«

»Es war nur der Adler«, antwortete sie matt. »Hast du auch ein Glas Wein für mich?« Sie zeigte auf das Glas in seiner Hand.

»Klar. Hast du schon was gegessen heute Abend?«

»Nein, aber ich habe keinen Appetit. Ich möchte einfach nur noch auf dem Sofa sitzen und nach draußen gucken.«

»Aber es ist dunkel. Man sieht nichts da draußen.«

Typisch Hauke, dachte sie. Und eigentlich hatte er recht. Was da drüben bei dem leerstehenden Haus vor sich ging, das konnte man nur erahnen. Und das Gefühl, dass es etwas Schreckliches sein musste, kroch ihr bis unter die Haarwurzeln.

Sie hatte sich aufs Sofa gesetzt und die Beine hochgezogen, als Hauke ihr ein Glas Rotwein reichte.

»Danke«, sagte sie. »Komm, setz dich zu mir. Wie ist es in der Redaktion gelaufen? Hast du Weihnachten im Kasten?«

Er sah sie forschend an.

»Seit wann interessiert dich meine Arbeit?«, fragte er. »Da stimmt doch was nicht.«

Sie lachte. »Hauke, der ewige Zweifler. Du hast vorhin so frustriert geklungen, deshalb frage ich.«

»Frustriert war ich auch. Dieses ewige Weihnachtsgejösel ist doch nicht mehr zu ertragen. Ich finde, man sollte die ganze Scheiße abschaffen und die Leute nehmen stattdessen das Geld, das sie für Geschenke verpulvern würden, und gehen damit zum nächsten Flughafen und verpissen sich einfach.«

»Man, Weihnachten muss dir ja wirklich gewaltig auf die Nerven gehen«, grinste Mona Lu. Natürlich ging es ihr nicht anders. Doch sie musste zum Glück keine Jubelartikel darüber schreiben.

»Aber der Artikel über das Feuer ist mir gut gelungen«, lenkte Hauke vom leidigen Thema ab. »Kannst du morgen früh lesen.«

»Das werde ich«, sagte sie und wurde still. Ihr Blick wanderte wieder zu dem Haus. Und sie hätte es nicht beschwören können, doch sie meinte, jemanden um die Hausecke verschwinden gesehen zu haben.

Sie saßen noch eine Weile schweigend auf dem Sofa und irgendwann wanderte Haukes Hand wie automatisch unter ihren Pulli.

»Du bist so schön warm«, flüsterte er ihr ins Ohr.

Und sie wehrte sich nicht mehr gegen die auch bei ihr aufkommenden Gefühle, die wohl den letzten zwei großen Gläsern Wein geschuldet waren, und ließ sich von ihm verführen.

In der Mühle

Stein hatte Mona Lu in Sicherheit gewogen und das ganze heruntergespielt. Aber wenn man sie niederschlug, dann steckte mehr dahinter.

Nach einigen Metern hatte er sich, als er vermutete, dass sie ihn nicht mehr würde sehen können, hinter einen Baum gestellt und so lange gewartet, bis er sah, dass Mona Lu wohlbehalten bei ihrem Haus angekommen war.

Als dann kurz darauf zwei Personen auf dem Sofa vor dem großen Fenster, in das er sehen konnte, Platz nahmen, wusste er sie außer Gefahr.

Danach war er zurück zu dem Haus geschlichen. Wenn derjenige, der Mona Lu angegriffen hatte, noch in der Nähe war, dann würde er bestimmt noch einmal wiederkommen.

Es war ihm bis jetzt ein Rätsel, was es eigentlich mit dem Haus auf sich hatte. Doch wenn ein Schuppen niederbrannte und eine herumstöbernde Polizistin niedergeschlagen wurde, dann gingen bei ihm sämtliche Alarmglocken an.

Stein hatte sich an einen Pfahl bei dem abgebrannten Schuppen gelehnt und in die Nacht gestarrt. Bestimmt zwei Stunden lang. Doch es war niemand mehr aufgetaucht.

Dann war er noch einmal um das Haus herumgeschlichen und hatte in die Fenster gesehen. Auch dort war alles totenstill gewesen.

Schließlich hatte er sich über die Wiesen wieder auf den Weg zur Mühle gemacht.

Es war ihm unmöglich gewesen, sich jetzt einfach ins Bett zu legen, auch wenn es schon weit nach Mitternacht gewesen war.

Wie passte es zusammen, dass ein Schuppen bei einem Haus abbrannte, in dem niemand mehr wohnte. Schon seit langer Zeit nicht mehr. Und offensichtlich hatte der Brandstifter dafür gesorgt, dass es nur den Schuppen dahinraffte. Doch das war nur eine erste Vermutung. Er würde sich auf jeden Fall von Mona Lu den Bericht der Techniker geben lassen, die sich mit der Brandursache befasst hatten.

Er hätte es schön gefunden, wenn Mona Lu jetzt hier gewesen wäre. Er ahnte, was jetzt in ihrem Haus geschah. Machten es nicht alle jungen Menschen so? Gingen mit körperlichen Aktivitäten über ihre wahren Probleme hinweg? Doch er wusste, dass Mona Lu da nicht mehr lange mitspielen würde. So war sie nicht. Sie lief nicht vor ihrem wahren Ich davon.

Als er sich einen Tee gekocht hatte und damit auf die Galerie nach draußen ging, spürte er den Winter kommen. Er hatte sich keine Jacke übergezogen und die kalte Luft griff nach seiner Haut, indem sie sich durch die Maschen seines Pullovers schlängelte.

Gefühle. Sie waren so vielfältig wie die Menschen, die sie durchlebten.

Und wieder fragte er sich, warum nur so wenige Menschen gewillt waren, ihre Gefühle zuzulassen.

Er stand eine ganze Weile dort draußen und sah den Wolken dabei zu, die sich vor dem Mond vorbeischoben. Bizarre Gestalten schienen ihm zuzulächeln.

Der Nachbar

Mona Lu hatte die ganze Nacht in Haukes Armen geschlafen. Er glaubte, es sei Liebe. Sie wusste, es war Angst.

Der Angriff am vergangenen Abend hatte ihr mehr zugesetzt, als sie sich eingestehen wollte. Und als die Leichtigkeit, die ihr der Wein geschenkt hatte, langsam nachließ und Ernüchterung sich breitmachte, da hatte sie einfach Angst gehabt.

Beim Frühstück las sie Haukes Artikel zu dem Brand. Er war schlicht und schnörkellos, zählte Fakten auf und würde bei den Lesern sicher dafür sorgen, dass alle mit der nötigen Sorgfalt mit offenem Feuer umgingen. Jedenfalls die nächsten Tage, bis sie es vergessen hatten.

»Was hast du heute vor?«, fragte Hauke über den Tisch hinweg.

»Mal gucken. Wahrscheinlich gehe ich gleich erst mal bei der Mühle vorbei.«

»Ach ja? Was gibt es denn da zu besprechen?«

»Ich weiß nicht. Im Moment hab ich ja keinen Fall. Und du hast bestimmt wieder genug in der Redaktion zu tun. Und den ganzen Tag hier alleine sein ...«.

»Schon gut. Ist sicher eine gute Idee. Und du hast recht, ich werde sicher erst wieder sehr spät nach Hause kommen.«

»Sag ich doch ...«.

Sie frühstückten zu Ende und Mona Lu räumte dann den Tisch ab, während Hauke noch einmal im Bad verschwand.

Als sie die Rotweingläser vom gestrigen Abend aus dem Wohnzimmer holte, glaubte sie, ihren Augen nicht zu trauen. Stand da etwa ein großer Lkw bei dem leerstehenden Haus? Und trugen da Männer irgendwelche Sachen hinein?

Sie stellte die Gläser wieder ab und kniete auf dem Sofa. Sie starrte nach draußen und konnte es nicht glauben. Da zog offensichtlich jemand ein.

Das Ganze wurde ja immer unheimlicher.

Sie schrie auf, als Hauke, der lautlos ins Wohnzimmer gekommen war, nach ihrer Schulter griff.

»Bist du denn verrückt geworden, mich so zu erschrecken?«, fuhr sie ihn an.

»Sorry, ich wollte nicht ...«, stammelte er und wich zurück.

»Schon gut.« Sie atmete hörbar aus. »Offensichtlich zieht dort drüben jemand ein.«

»Echt? In das Haus mit dem abgebrannten Schuppen? Das ist ja krass.«

So konnte man es auch sehen.

»Ja, mich wundert das allerdings auch«, sagte sie.

»Na ja, stand doch auch lange genug leer. Sag mal, wieso interessierst du dich eigentlich so dafür? Sonst sind dir die Nachbarn doch auch schnuppe.«

»Ach, nur so«, wich sie aus. »Ist sicher nur, weil ich im Moment Langeweile habe.«

»Wie dem auch sei, ich muss jetzt los.« Er drückte ihr einen Kuss auf die Wange. »Essen wir heute Abend zusammen was Schönes?«

»Sicher«, sagte sie und war mit ihren Gedanken schon wieder ganz woanders.

Dann hörte sie, wie die Tür ins Schloss fiel. Endlich.

Schnell lief sie zur Anrichte und zog ein Fernglas aus der Schublade. Dass sie nicht schon vorher daran gedacht hatte, wunderte sie. Doch bisher war es nicht um jedes kleine Detail gegangen. Das änderte sich ab jetzt ganz offensichtlich.

Die beiden Männer, die damit beschäftigt waren, Dinge ins Haus zu tragen, kannte sie nicht. Sie trugen karierte Hemden und blaue Arbeitshosen mit Werbung. Es war eindeutig, dass sie zu einem Umzugsunternehmen gehörten. Und einen geheimnisvollen Eindruck machten sie auch nicht. Der eine spuckte sogar immer wieder direkt aus, bevor er wieder in den Wagen kletterte. Sie waren gewöhnlich.

Und dann stockte ihr der Atem. Da war er wieder. Der rote Anorak, er flammte wie ein leuchtendes Inferno zwischen dem Lkw, dem Haus und dem Grünzeug, das ihr die Sicht ein wenig nahm, auf. Offensichtlich war ihm kalt, denn er hatte die Kapuze weit ins Gesicht gezogen. Er ging nicht auf den Lkw und lud keine Sachen ab. Was auch immer er da tat, sie konnte es nicht sehen. Und dann schließlich war er nicht mehr in Sichtweite und wohl ins Haus gegangen.

Was mache ich jetzt bloß?, fragte sich Mona Lu. Sie musste wissen, wer da einzog. Ein Brot backen und damit den neuen Nachbarn zu begrüßen, wäre die eine Variante. Doch sie bevorzugte den nächtlichen Überwachungsbesuch, am besten mit Stein. Sie musste jetzt zu ihm und ihm alles berichten.

Sie wollte schon vom Sofa hochkommen, als sie plötzlich einen Dienstwagen der Polizei bei dem Haus vorfahren sah. Ob das wieder die Kollegen von der Branduntersuchung waren? Aber das letzte Mal waren sie mit einem Zivilwagen gekommen.

Atemlos sah sie zu, wie zwei Uniformierte ausstiegen und auf das Haus zugingen. Die beiden Männer, die gerade einen mittelgroßen Schrank aus dem Lkw befördern wollten, hielten in ihrer Bewegung inne.

Sie sprachen kurz miteinander, dann stellten sie den Schrank ab.

Dann kam der rote Anorak dazu. Mona Lu konnte nur den Ärmel sehen. Ihre Nerven waren bis zum Anschlag angespannt.

Ich geh da jetzt rüber, dachte sie und rannte in den Flur.

Es dauerte keine zehn Sekunden und die Tür knallte hinter ihr zu.

Wieder rannte sie über die Wiese direkt zu dem Haus. Ihr war jetzt alles egal. Sie musste wissen, was da los war.

Keuchend kam sie bei den Kollegen an, die jetzt mit den Männern sprachen, die sich auf den Rand der Ladefläche gesetzt hatten.

Ihr Gespräch erstarb, als sie sie sahen.

»Mona Lu?«, fragte der eine Kollege jetzt. »Das ging ja schnell.«

»Schnell?« Mona Lu verstand nicht.

»Ja, wir haben doch eben erst die Kripo informiert, damit man jemanden hierher schickt.«

Sie wusste nicht, wovon der Kollege sprach. Doch sie behielt es für sich.

»Na ja, ich wohne ja gleich da drüben«, sie zeigte in die Richtung.

»Das passt ja«, meinte der Kollege nur. »Auf jeden Fall müssen die Einzugsarbeiten an dieser Stelle abgebrochen werden.«

»Warum?«, fragte plötzlich eine dröhnende Männerstimme.

Es war der Mann mit dem roten Anorak.

Mona Lu stockte der Atem. Es war der bewusste rote Anorak, der sie um den Schlaf gebracht hatte. Aber in ihm steckte nicht der junge Mann, den sie gesehen hatte. Dieser Mann, der jetzt wütend vor die Tür getreten war, weil er sich wohl wunderte, dass keine Möbel mehr ins Haus getragen worden waren, dieser Mann war bestimmt schon weit über siebzig. Aber warum trug er den Anorak des jungen Mannes, den sie an ihrem Geburtstag von ihrem Sofa aus gesehen hatte?

»Das Nähere wird Ihnen gleich unsere Kollegin von der Kripo erklären«, fuhr der Kollege fort. »Auf jeden Fall können Sie jetzt nicht in dieses Haus einziehen, bevor nicht die Untersuchungen abgeschlossen sind.«

»Ich verstehe nicht ganz«, brummte der Mann.

Ich auch nicht, dachte Mona Lu.

Dann sah der Kollege sie an.

Was sollte sie jetzt sagen?

»Mach du ruhig weiter«, sagte sie unsicher. »Ich hab ja nur Details am Telefon gehört.«

»Okay«, sagte der Kollege und fuhr fort. »In den Überresten in dem abgebrannten Schuppen hat man Teile eines menschlichen Körpers gefunden. Und deshalb kann hier niemand einziehen, bis klar ist, ob es sich dabei um Mord handelt.«

»Es ist jemand in dem Schuppen verbrannt?«, fragte Mona Lu ungläubig.

»Korrekt«, sagte der Kollege. »Der Bericht liegt bestimmt schon bei dir auf dem Schreibtisch.«

»Ich verstehe nicht, was das soll«, sagte der Mann im roten Anorak. »Ich habe das Haus rechtmäßig gekauft und will jetzt hier rein. Ich weiß nichts von einem Brand. Das war vor meiner Zeit.«

»Es tut uns leid«, wiederholte der Kollege, »aber ein Einzug ist zurzeit nicht möglich. Wir müssen Sie bitten, sich so lange, bis die Sache mit der Leiche aufgeklärt ist, woanders aufzuhalten. Sicher gibt es hier in der Gegend eine nette Pension oder ein Hotel, in dem sie unterkommen können. Woher kommen Sie denn eigentlich?«

»Das geht Sie nichts an«, sagte der Mann im Anorak.

»Nun, das sehen Sie nicht ganz richtig. Ich hätte gerne Ihre Personalien und die bisherige Anschrift. Genauso von Ihnen beiden.« Der Kollege nickte den Möbelpackern zu.

Mona Lu sah, wie die Männer dann doch bereitwillig ihre Personalien aufnehmen ließen. Sie selber ging noch einmal zu dem, was vom Schuppen übrig war. Sie starrte auf die Asche. Sie roch noch immer. Und jetzt meinte sie sogar, eine, nach verbranntem Fleisch riechende Note in ihre Nase aufsteigen zu spüren. Das war also das große Geheimnis. Hier war ein Mensch verbrannt worden. Ob es der junge Mann war, den sie in dem roten Anorak gesehen hatte? Ihr Blut pulsierte in ihren Adern. Sie hatte wieder einen Fall.

Erste Ermittlungen

Als die Möbelpacker abgefahren waren und die Kollegen ihr die Befragung mit dem Mann im Anorak überlassen hatten, wollte Mona Lu gleich an Ort und Stelle alles wissen.

Der Mann, der sich ihr als Bernhard Koch aus Westerstede vorstellte, führte sie ins Haus. Er wusste nicht, dass sie hier schon gewesen war. Oder wusste er es doch? Denn irgendjemand hatte sie ja niedergestreckt. Musste sie Angst vor ihm haben, hier so alleine in dem Haus? Ihr Gefühl sagte, ja. Ihr polizeilicher Instinkt indes sprach ihr Mut zu.

Sie setzten sich in dem kalten Haus in die große Küche an einen alten Holztisch, der viele Flecken hatte.

»Sie haben also das Haus gekauft?«, begann sie und merkte, dass sie weder ein Handy geschweige denn eine Waffe bei sich trug.

»Ja, das habe ich. Und eigentlich würde ich jetzt gerne einziehen«, sagte er in tiefem Tonfall.

»Und von dem Brand vor ein paar Tagen, bei dem der Schuppen des Hauses abgebrannt ist, wussten sie nichts?«

»Doch, sicher habe ich davon gehört. Ich habe das Ganze schon an meine Versicherung abgegeben. Sollen die sich doch damit herumschlagen. Ich wollte ja nicht in den Schuppen einziehen. Der war sowieso abbruchreif.«

Natürlich, er hatte sich das Haus vor dem Kauf angesehen.

»Es stört sie also nicht weiter, dass der Schuppen weg ist?«

Er zuckte mit den Schultern.

»Wann waren Sie das erste Mal hier, um sich das Haus anzusehen?«

Er dachte angestrengt nach. »Ich glaube, vor einem Vierteljahr.«

»Also noch im Sommer?«

Er nickte. »Doch, es war im Sommer. Jetzt erinnere ich mich. August muss es gewesen sein.«

»Und danach? Waren Sie danach noch einmal hier? Vielleicht sogar vor ein paar Tagen?«

Er sah sie misstrauisch an. »Sie wohnen in dem Haus da drüben, wenn ich es richtig gehört habe, oder?«

Mona Lu nickte, obwohl sie fand, dass es ihn nichts anging.

»Und, junge Frau, wie oft haben Sie sich das Haus angesehen, bis sie es schließlich gekauft haben? Waren Sie etwa jeden Tag dort?«

»Darum geht es jetzt nicht«, antwortete sie. Sie wollte nicht mit ihm über ihr Privatleben sprechen.

»Ja, ich war noch ein paar Mal hier«, antwortete er schließlich. »Ich habe mich im Oktober zum Kauf entschlossen.«

»Warum haben Sie so lange gezögert?«

»Was weiß ich. Man guckt sich ja viele Häuser an, bis man schließlich zuschlägt.«

»Und warum gerade dieses?«

»Es passte am besten zu dem, was ich vorhabe.«

Menschen verbrennen?, lag Mona Lu auf der Zunge. Doch sie verkniff sich diese Frage.

»Und was haben Sie vor?«

»Ich male«, sagte er und es verschlug ihr fast die Sprache.

Alles hätte sie diesem Mann vor sich zugetraut, so wie er auftrat. Einschließlich eines Mordes. Aber eine künstlerische feinsinnige Tätigkeit wie Malen? Niemals.

»Sie sind Künstler?«, fragte sie und er spürte, dass sie es ihm nicht abkaufte.

»Damit hätten Sie wohl nicht gerechnet?« Er lachte das erste Mal und wirkte auf Anhieb viel sympathischer.

»Ehrlich gesagt, nein«, antwortete sie wahrheitsgemäß.

»Trösten Sie sich, ich hätte Sie auch nicht für eine Polizistin gehalten«, konterte er.

Jetzt musste selbst Mona Lu lachen.

Konnte es nicht sein, dass er tatsächlich nur ein harmloser Hauskäufer war?

»Haben Sie einen Sohn?«, fragte sie dann, weil ihr die Frage nach dem jungen Mann keine Ruhe ließ.

»Das weiß man als Mann nie so genau«, entgegnete er locker. »Aber soweit mir bekannt ist, da habe ich wohl zwei.«

»Herr Koch, waren Sie vorgestern Abend hier beim Haus?«

Er runzelte die Stirn. »Vorgestern?«, wiederholte er. »Nein, da war ich nicht hier, sondern in Groningen. Ich habe mich nach neuen Farben und Leinwänden umgesehen. Die sind übrigens bei mir im Wagen und den Kassenbeleg habe ich auch noch. Sicher wollen Sie das prüfen.«

»Ja, das werde ich prüfen«, antwortete sie. »Denn vorgestern ist ja der Schuppen abgebrannt. Da ist es Routine, dass ich jeden, der unmittelbar mit dem Haus zu tun hat, befrage.«

»Verstehe ich ja ... und wie gesagt, ich habe die Belege. Da steht ja sogar die Uhrzeit drauf. Und heute wollte ich eigentlich einziehen. Aber jetzt ...«.

»Tja, es gibt bestimmt eine Möglichkeit für Sie, die Zeit bis zur Aufklärung zu überbrücken. Sicher haben Sie Ihre Wohnung in Westerstede noch.«

»Klar, noch bis zum Monatsende«, erwiderte er. »Allerdings habe ich die Schlüssel schon den Nachmietern gegeben und die richten sich schon häuslich ein. Da kann ich nicht mehr hin.«

Mona Lu konnte es sich nicht erklären, aber irgendwie schwand die Angst vor diesem Unbekannten immer mehr und er wurde ihr sogar sympathisch. Es mochte damit zusammenhängen, dass er Maler war. Kreativ arbeitenden Menschen traute man wohl erst einmal immer nur das Beste zu.

»Und wenn Sie sich eine Ferienwohnung hier in der Gegend mieten?«

Er lachte auf. »Junge Frau, ich bin Künstler, schon vergessen. Die haben zwar ein spannendes Leben, aber im Grunde niemals Geld. Ich kann mir das nicht leisten, mir noch zusätzlich zu meiner Miete für die alte Wohnung und den Kosten für den Hauskauf auch noch eine Ferienwohnung zu mieten.«

Er rieb seine Hände aneinander und blies dann, nachdem er sie verschränkt hatte, mit seinem warmen Atem hinein. Bestimmt war ihm kalt. Und auch Mona Lu merkte plötzlich, dass sie eine Gänsehaut hatte.

»Möchten Sie mit zu mir rüberkommen?«, fragte sie spontan. »Ich könnte uns einen Tee kochen.«

»Oh, ich will Ihnen wirklich keine Umstände machen. Und dürfen Sie das überhaupt? Schließlich bin ich doch ein Verdächtiger in Ihrem Fall.«

»Ja? Sind Sie ein Verdächtiger?«, fragte sie zurück und sah ihn lauernd an.

»Das müssen Sie entscheiden. Aber den Tee nehme ich, wenn das Angebot noch gilt.«

Schon als Mona Lu die Tür aufschloss, während der Mann noch seine schwarzen Gummistiefel an der Hauswand abklopfte, bereute Mona Lu ihr Angebot.

Wie konnte sie nur? Er war ein Verdächtiger. Und damit basta. Künstler hin oder her. Was war, wenn er ihr gleich ein Messer ausgerechnet aus ihrer eigenen Küche an die Kehle hielt? Sie war naiv wie eine Landpomeranze. Wo war ihre Waffe eigentlich? Ja, sie lag im Wagen. Wie praktisch.

Sollte sie sich vielleicht mit einem Messer bewaffnen, ohne dass er es merkte?

»Schön haben Sie es hier«, sagte er. Seine Stiefel hatte er vor der Tür ausgezogen und draußen gelassen. »Und so warm.«

»Danke«, sagte sie und hängte umständlich ihre Jacke an die Garderobe. »Mir gefällt es hier auch sehr gut.«

»Aber lange wohnen Sie noch nicht hier, oder?«

»Wie kommen Sie darauf?«

»Na, würde man Ihnen die Augen verbinden, dann würden Sie nicht mal Ihre Garderobe finden.« Er lachte schelmisch und wartete, bis sie weiter voraus ins Haus ging.

Er war ein guter Beobachter, dachte sie. Ob er sie gänzlich durchschaute? Wusste er, dass ihr Herz ihr bis zum Hals schlug und sie ihre Einladung längst bereute?

»Da ist die Küche«, sie zeigte zu der Tür mit den blauen Streifen.

Sie ging vor ihm hinein und ihr Blick streifte den Messerblock. Dann setzte sie Wasser auf.

»Nehmen Sie bitte Platz«, sagte sie und fragte sich, ob man sie für verrückt erklärte, wenn man sie hier so sah. Eigentlich müsste sie doch jetzt in die Dienststelle fahren und mit den Ermittlungen beginnen. Doch auf der anderen Seite war sie doch schon mittendrin.

Ob Adler sich Sorgen machte? Sie hatte ja gesagt, dass sie gleich heute Morgen zu ihm kommen würde. Und jetzt war es bald Mittag. Doch selbst, wenn er sich sorgte, niemals würde er zu dieser Tageszeit zu ihrem Haus kommen. Hilfe aus der Richtung konnte sie vergessen.

Und Hauke? Er würde sehr spät nach Hause kommen. Also genügend Zeit für den fremden Mann, ihr die Kehle durchzuschneiden und sie auf dem Teppich im Wohnzimmer verbluten zu lassen.

Der Wasserkocher klackte und sie erschrak.

»Sie waren wohl ganz schon weit weg, junge Frau«, sagte Koch.

Mona Lu goss den Tee auf und stellte die Kanne auf den Tisch. Dann kamen noch zwei Becher dazu. Er trank wie sie, schwarz.

»Ziehen Sie eigentlich alleine in das Haus?«, fragte sie jetzt, als ihre Hände sich langsam aufwärmten, als sie um den Becher mit dem heißen Tee herumfuhren.

»Ja, das ist mein Plan«, sagte er und trank einen Schluck Tee.

»Keine Verwandten oder eine Ex-Frau, die vielleicht auch Interesse an einem Leben auf dem Land haben könnten?«

Er schüttelte den Kopf.

»Nein, niemand. Ich bin schon immer ein Eigenbrötler gewesen. Passt zum Klischee, das man von Künstlern hat. Die richtige Frau habe ich nie getroffen und ich wuchs als Einzelkind auf. In meinem Alter ist man dann irgendwann der letzte Überlebende.« Versonnen sah er aus dem Fenster. »Es wird ziemlich früh Winter in diesem Jahr. Der erste Schnee ist schon gefallen.«

Die Stimmung in der Küche war fast diabolisch. Mona Lu spürte, dass da etwas zwischen ihnen beiden abging. Nur hätte sie nicht sagen können, was es eigentlich war. Noch scheute sie den Vergleich zu Adler, bei dem sie sich auch immer wie in einer anderen Welt fühlte.

»Sie sind Skorpion«, sagte er plötzlich, »habe ich recht?«

Forschend sah sie ihn an. »Woher wissen Sie das?«

»Es sind ihre dunklen undurchdringlichen Augen. Damit können Sie Männer um den Verstand bringen, und das wissen Sie.«

Sie sagte nichts darauf und hielt ihren Becher an die Wange.

»Ich mag den Winter nicht.«

»Das geht mir genauso«, pflichtete er ihr bei.

Dann hörten sie etwas im Flur und sahen beide in die Richtung.

Hauke war offensichtlich außerplanmäßig nach Hause gekommen.

Neugierig steckte er seinen Kopf durch die Küchentür.

»Hallo, ich habe einen fremden Wagen gesehen draußen und ich dachte, ich schau mal rein.«

Noch konnte er nichts mit dem Fremden, der da mit seiner Freundin am Tisch saß und aus seinem Becher Tee trank, anfangen.

»Das ist Bernhard Koch«, erklärte Mona Lu. »Er ist unser neuer Nachbar.«

»Aha. Das Haus da drüben, wo der Schuppen gebrannt hat?«

»Genau das Haus.«

»Na, da haben Sie aber einen schlechten Einstand Herr Koch, wenn ich das so sagen darf.« Hauke blieb im Türrahmen stehen.

»Willst du auch einen Tee?«, fragte Mona Lu.

»Nein, dafür habe ich keine Zeit. Ich wollte eigentlich nur meine andere Kamera holen, die ich für ein … na rate mal … genau, für ein Foto für ein Weihnachtsmotiv brauche. Das geht nur damit wegen der Belichtungszeit und so.«

Mona Lu verstand nichts vom Fotografieren und winkte ab. Dabei zwinkerte sie ihm unmerklich zu und er verstand.

»Kannst du mir kurz suchen helfen, du hast den besseren Spürsinn«, sagte Hauke dann.

»Klar«, erwiderte sie dankbar. »Ich bin gleich wieder da, Herr Koch.«

»Sag mal, hast du sie noch alle?«, flüsterte Hauke, als er mit Mona Lu im Wohnzimmer stand. »Wieso schleppst du den wildfremden Kerl in dein Haus?«

»Ach, das ist kompliziert«, murmelte Mona Lu. »Er wollte gerade einziehen, als die Kollegen von der Streife alles gestoppt haben, weil man in den Überresten des Brandes im Schuppen Teile einer Leiche gefunden hat.«

»Was? Eine Leiche? Und du rufst mich nicht sofort an. Ich will Fotos machen, sofort!«

»Er weiß jetzt nicht, wo er hin soll, deshalb habe ich ihm einen Tee angeboten?«

»Einem Mörder? Mona, du bist wirklich übergeschnappt.«

»Es steht doch noch lange nicht fest, dass er ein Mörder ist«, gab Mona Lu schnippisch zurück.

»Aber er könnte einer sein. Das alleine reicht doch eigentlich schon. Du willst ihn doch wohl nicht auch noch hier einquartieren, oder?«

»Nein, natürlich nicht. Aber er hat kein Geld für eine Bleibe, bis die Untersuchungen abgeschlossen sind.«

»Dann steck ihn doch in eine Zelle. Da ist es warm und er bekommt was zu essen.«

»Du bist eklig.«

»Aber wenigstens überlebe ich so.«

Sie hatten nicht gemerkt, dass Bernhard Koch im Türrahmen stand und sie anstarrte.

Mona Lu bekam als Erste etwas davon mit und drehte sich zu ihm hin.

»Es ist wohl besser, ich gehe jetzt«, sagte er. »Ich finde schon eine Möglichkeit, schließlich gibt es auch andere Künstler, die ich kenne. Sicher gewähren sie mir Asyl.«

»Wie kann ich Sie denn erreichen?«, fragte Mona Lu, die hoffte, dass er von dem Gespräch nichts mitbekommen hatte.

»Ich habe ein Handy. Hier ist meine Karte.«

Er reichte ihr einen zerknitterten Pappfetzen, den er aus der Hosentasche gezogen hatte.

Dann ging er, ohne sie beide weiter zu beachten.

»Na toll«, knurrte Mona Lu. »Jetzt ist er weg.«

»Und wir können endlich rübergehen, damit ich meine Fotos kriege. Mensch, das ist ja der Burner für die morgige Ausgabe. Ein Toter taucht in der Asche auf. Endlich mal was anderes als Weihnachten.«

Mona Lu konnte seine Begeisterung nur bedingt teilen. Doch alleine wollte sie ihn auch nicht zu dem Tatort gehen lassen.

Also zog sie ihre Jacke, Schuhe und den Schal an und sie machten sich gemeinsam auf den Weg zu dem Haus.

Diesmal allerdings jeder mit dem Wagen, weil Hauke gleich wieder in die Redaktion wollte und Mona Lu wollte endlich zur Mühle.

Eingenickt

Stein war, nachdem er eine Kleinigkeit gegessen und in einer FAZ gelesen hatte, auf dem Sofa eingenickt. Wie von weither hörte er einen Wagen, bis er schließlich zu sich kam und auf die Galerie hinausging.

Endlich. Mona Lu war da.

»Komm rauf.« Er winkte ihr zu.

Er sah sofort, dass es Neuigkeiten gab. Dann wirkte sie immer so gehetzt.

»Das glaubst du nicht«, platzte sie dann auch herein. »Es ist jemand in dem Schuppen verbrannt.«

»Was? Verbrannt? Woher weißt du das?«

»Die Kriminaltechniker haben es herausgefunden. Und sie vermuten, dass es dem Täter nicht schmeckt, dass sie es doch noch entdeckt haben, obwohl er einen gewaltigen Brandbeschleuniger verwendet hat, der eigentlich alles auslöschen sollte. Jede Spur und vor allem, jedes Stückchen Mensch, das darin umgekommen ist.«

»Das ist allerdings eine spannende Neuigkeit, die ein ganz anderes Licht auf die Sache wirft. Und dann noch der Angriff auf dich. Ich denke, wir sind da in ein verdammtes Bienennest gestoßen.«

»Oh, das glaube ich auch.« Mona Lu war so aufgeregt, dass sie sich noch nicht einmal wie sonst üblich auf das

Sofa gelümmelt hatte. »Und heute Morgen schließlich ist auch noch ein Künstler mit Sack und Pack angerauscht, um in das Haus einzuziehen. Plötzlich kommt alles zusammen.«

»Ein Künstler? Aber sag mal, willst du dich nicht endlich setzen, du machst mich ganz nervös.«

»Sicher.« Sie rutschte neben ihn aufs Sofa. »Bernhard Koch, ein älterer alleinstehender Mann, wenn es stimmt, was er sagt. Er ist heute Morgen mit zwei Möbelpackern und einem Lkw angerollt. Dann kamen die Kollegen von der Streife und haben ihn gestoppt. Bevor er da einziehen darf, müssen erst einmal die Untersuchungen abgeschlossen sein.«

»Ein älterer Mann? Ein Künstler? Ist das vielleicht der Mann, den du gesehen hast? Aber du sagtest doch ...«.

»Ganz genau. Der, den ich gesehen habe, der war viel jünger. Aber er trug die gleiche Jacke. Einen roten Anorak.«

»Bist du sicher, dass es dieselbe war? Ich meine, Jacken gibt es wirklich wie Sand am Meer.«

»Doch, ich bin mir sicher. Sie war schon anders als andere Jacken. Ich bin bestimmt kein Modefreak, aber für Details habe ich ein Auge.«

»Aber wie kann das sein? War es vielleicht sein Sohn?«

»Danach habe ich auch gefragt. Ich meine, ob er einen Sohn hat. Er meint, es seien mindestens zwei, aber verheiratet war er wohl nie.«

»Hm ... doch schon etwas merkwürdig, dass er ausgerechnet einzieht, nachdem es im Schuppen gebrannt hat, oder?«

»Tja, das stimmt. Aber er sagt, er hat mit dem Brand nichts zu tun. Von der Leiche ganz zu schweigen.«

»Und was hast du jetzt vor?«

»Ich muss natürlich herausfinden, wer da verbrannt ist. Damit geht es schon mal los. Und dann muss ich Bernhard Koch durchleuchten. Und dann muss ich den jungen Mann finden, der mit seiner Jacke bei dem Haus war.«

Mona Lu war völlig aufgedreht.

»Was ist mit Hauke? Weiß er schon von der Sache?«

»Klar, der hat schon tausend Fotos geschossen. Morgen kannst du alles in der Zeitung lesen.«

»Wie kann ich dir helfen?«

Sie zuckte mit den Achseln.

»Soll ich heute Abend noch einmal zu dem Haus gehen?«

»Vielleicht keine schlechte Idee. Allerdings kann ich mir kaum vorstellen, dass der Täter sich dort noch einmal hintraut, nachdem jetzt klar ist, dass er mit seiner Leiche aufgeflogen ist. Und außerdem, was sollte er denn da überhaupt?«

»Genau dasselbe, was er gestern da gewollt hat und von dir gestört worden ist«, antwortete Stein und sah sie vieldeutig an. »Vielleicht wollte er nachsehen, ob von seinem Opfer wirklich nichts mehr übriggeblieben ist.«

»Tja, da kommt er wohl eindeutig zu spät«, meinte Mona Lu und atmete hörbar aus. »Hast du einen Kaffee für mich?«

»Sicher.«

Stein machte sich an der Kaffeemaschine zu schaffen und Mona Lu sah ihm dabei zu.

»Denkst du, dass du es noch verhindern kannst, dass Hauke morgen über den Leichenfund schreibt?«, fragte Stein, als er ihr den dampfenden Kaffeebecher reichte.

»Wohl kaum. Bestimmt ist der Artikel gleich fertig. Wieso fragst du?«

»Na, ich denke, für die Ermittlungen ist es besser, wenn es noch nicht an die Öffentlichkeit kommt. So wiegt der Täter sich in Sicherheit und kommt vielleicht noch einmal zum Haus zurück.«

»Du machst Scherze.« Mona Lu lachte auf. »Wir sind hier in Horumersiel. Selbst, was nicht in der Zeitung steht, macht in Sekundenbruchteilen die Runde, wenn es ansatzweise spannend ist.«

»Da hast du auch wohl wieder recht.«

»Eben. Und ich möchte nicht wissen, wie viele Augen heute Morgen beobachtet haben, dass die Polizei den Einzug eines Fremden bei dem Haus verhindert hat. Hier auf dem Dorf haben doch selbst alle Bäume Ohren und tragen mit ihren Blättern alles davon.«

»Okay, ich habe verstanden. Wir sind nicht in Frankfurt. Und trotzdem werde ich heute nach Anbruch der Dunkelheit noch einmal zu dem Haus gehen.«

»Ja, mach das ruhig. Alles kann irgendwie wichtig sein.«

Mona Lu verabschiedete sich bald und bat Stein, sie auf ihrem Handy anzurufen, falls ihm irgendetwas merkwürdig bei dem Haus vorkam. Egal, wie spät es auch werden würde.

Erschlagen

Er hatte so einige Künstlerfreunde angerufen, doch niemand schien ehrlich gewillt, ihn für ein paar Tage, um die er gebeten hatte, aufzunehmen. Manche gingen nicht einmal ans Telefon. Vielleicht absichtlich oder auch nur, weil sie beschäftigt waren.

Bernhard Koch machte sich keine Illusionen mehr. Wenn er nicht in seinem Wagen schlafen wollte, dann musste er sich jetzt sofort etwas einfallen lassen. Und was lag da näher, als einfach in dem Haus zu schlafen, das er rechtmäßig erworben hatte. Was konnte er denn dafür, dass irgend so ein Irrer ein paar Tage vorher den Schuppen abgebrannt hatte? Doch gar nichts. Und was machte es, wenn er dort in dem Haus übernachtete? Doch eigentlich auch gar nichts. Der Brand hatte nichts mit ihm zu tun. Warum also sollte ihm daran liegen, die Ermittlungen zu behindern? Er wusste, dass die junge Polizistin, die so nett zu ihm gewesen war, die Sache genauso sah wie er.

Also fuhr er, als es dunkel geworden war und die Straßen wie leergefegt schienen, wieder zu seinem Haus. Schon weit, bevor er den kleinen Sandweg zum Haus hinauffuhr, schaltete er das Licht an seinem Wagen aus. Niemand würde es überhaupt mitbekommen, dass er dort war.

Er parkte seinen Wagen in dem verwilderten Grünzeug hinter dem Haus, so dass man ihn selbst von der Straße aus kaum würde sehen können. Und wenn die Polizei kam, dann würde er sich einfach irgendwo verstecken. Möglichkeiten gab es in so alten Häusern immer genügend.

Die Vorbesitzer, die der Immobilienmakler, wie er ihm selber erzählt hatte, nur mit Mühe ausfindig machen konnte, hatten es nicht einmal für nötig gehalten, das Haus auszuräumen. Jetzt, da er in diese Notlage gekommen war, ärgerte er sich nicht mehr darüber. So hatte er ein Bett und eine Stubeneinrichtung, in der er es sich gemütlich machen konnte. Der einzige Haken war, dass er den Ofen nicht anmachen konnte. Man würde den Rauch, der dann aus dem alten Schornstein aufsteigen würde, sehen können. Doch als Künstler war er es gewohnt, sich in misslichen Situationen zurechtzufinden. Schon oft waren ihm auch in seinem Haus in Westerstede Strom und Gas abgestellt worden, weil er die Rechnung nicht bezahlen konnte.

Am Ende war es ganz einfach gewesen. Wie selbstverständlich war er zum Haus gegangen, hatte den Schlüssel ins Schloss gesteckt und umgedreht. Es war schon komisch, dass ausgerechnet sein Sohn ihn dabei unterstützt hatte, das Haus zu erwerben. Nein, es war noch viel mehr gewesen. Erst Felix hatte ihm überhaupt diesen

Floh ins Ohr gesetzt, dass es genau das Richtige für einen Künstler sei. Natürlich hatte er in gewisser Weise recht. Die Weite der Natur, das nahegelegene Meer ... sie würden wunderbare Kulissen für seine weiteren Gemälde werden.

Felix hatte es zu etwas gebracht, und darauf war Bernhard Koch sehr stolz. Er war immer der Klassenbeste gewesen, hatte praktisch nur Einser geschrieben in den Mathearbeiten. Beim Deutschen hing er immer etwas durch, wie er selber sagte und sich furchtbar ärgerte, da sein Schnitt nie weiter als bis zu einer Zwei reichte.

Er hatte seinen Sohn mit dessen Ehrgeiz nie verstanden. Doch er musste anerkennen, dass er jetzt, da er ein eigenes Ingenieurbüro leitete und bereits zehn Angestellte hatte mit nicht einmal dreißig Jahren, eine glanzvolle berufliche Karriere hingelegt hatte. Vielleicht hatte er seinem ständig um jeden Pfennig ringenden Vater etwas beweisen wollen. Gerade Jungen waren in dieser Richtung gefährdet, wenn sie nicht von ihrer Mutter zu kleinen Muttersöhnchen herangezogen wurden. Doch Agathe hatte immer hinter dem Ehrgeiz von Felix gestanden. Vielmehr hatte sie ihn sogar angetrieben und jede gute Note mit einem dicken Geldgeschenk honoriert. Sie arbeitete nur als kleine Verkäuferin und Felix war vielleicht das Einzige, worauf sie überhaupt im Leben stolz gewesen war. An ihm hatte sie nie ein gutes Haar gelassen.

Wenn er ihr ein neues Bild gezeigt hatte, rümpfte sie die Nase und behauptete, dass jedes vierjährige Vorschulkind so ein Geschmiere zu Papier bringen könne. Und leben könne man von so einem Quatsch auch nicht.

Doch das alles war lange her. Und Bernhard Koch war auch nur bereit, sich daran zu erinnern, weil eben Felix ihm dieses Haus geschenkt hatte. Irgendwann würde er ihn auch ganz sicher besuchen, hatte er am Telefon gesagt. Den Kauf hatte er aus Mainz telefonisch abgewickelt. Er war immer im Stress.

Koch machte die Tür hinter sich zu und atmete den Geruch nach Vergangenem ein. Hier würde er also seine letzten Jahre verbringen, dachte er noch, als er meinte, einen Schatten gesehen zu haben. Sicher trieben sich mittlerweile auch Tiere nachts in diesem Haus herum. Sie brauchten eine Bleibe für den Winter. Bestimmt war es eine Katze, die einen Weg gefunden hatte, ins Haus zu schleichen. Schlief sie vielleicht auf dem Sofa oder dem alten Bett?

Er konnte kein Licht machen, das war einfach zu gefährlich. Also schob er seinen müden Körper weiter voran ins Haus immer nur in der Ahnung einer weiteren Tür oder eines Hindernisses.

Das Letzte, an das er dachte, war, dass es wehtat. Er versuchte noch, mit der Hand nach seinem Kopf zu greifen, der mit unmenschlicher Wucht von etwas Hartem getroffen worden war. Dann sackte er zusammen.

Stein wusste nicht, was sich vor nicht einmal einer Stunde in dem Haus zugetragen hatte, um das er jetzt in der Dunkelheit herumschlich. Das Erste, was ihm komisch vorgekommen war, war der Wagen, der ganz offensichtlich hinter dem Haus versteckt worden war.

Hatte es nicht geheißen, hier dürfe niemand einziehen, bevor nicht die Untersuchungen beendet worden waren?

Nun ja, es konnte alles Mögliche sein, was jemanden veranlasst hatte, den Wagen hier abzustellen.

Stein schlich um das Haus herum und lugte durch die Fenster. Er hatte sogar eine kleine Taschenlampe dabei und hielt den fahlen Lichtschein in das Hausinnere. Alles war wie bei der Exkursion davor auch.

Doch dann ging er noch einmal zurück. Da war etwas merkwürdig gewesen in dem vermeintlichen Wohnzimmer. Es war nur ein kurzer Augenblick gewesen, der ihn eben stutzig, aber noch nicht aufmerksam gemacht hatte. Er ging noch einmal ein paar Meter zurück und leuchtete erneut durch das Fenster. Jetzt sah er es ganz deutlich. Da saß jemand auf dem Sofa. Aber er rührte sich nicht. Was hatte das zu bedeuten? Ob es der neue Nachbar von Mona Lu war, der trotz Verbotes hier eingezogen war? Das wäre möglich. Aber warum saß er einfach da und rührte sich nicht. Es musste bitterkalt in dem Haus sein. Und so, wie es aussah, trug er nicht einmal eine Jacke. Stein, der selber eigentlich immer fror, seitdem er die Winter in Friesland durchzustehen hatte, zog bei dem Anblick seinen Mantelkragen hoch.

Er musste Mona Lu informieren, er hatte es ihr versprochen. Egal wie spät es auch ist, hatte sie ihn gemahnt, rufe mich an, wenn du etwas entdeckst.

Und ein Mensch, reglos auf dem Sofa in einem Haus, in dem eigentlich niemand sein durfte, war wahrlich Grund genug, sie zu informieren.

Er sah auf seine Uhr. Es war noch nicht einmal zwölf.

Er zog das Handy, das Mona Lu ihm seinerzeit geschenkt hatte, aus der Manteltasche und wählte ihre Nummer.

Sie nahm sofort ab.

»Was ist los?«, fragte sie ohne weitere Begrüßung.
»Da ist jemand in dem Haus«, antwortete Stein.
»Ich bin gleich da.«

Er mochte ihre unkomplizierte Art und steckte das Handy, das er eigentlich nicht gewollt hatte, schnell wieder in die Manteltasche.

Keine zwei Minuten später sah er ihre Silhouette über die Wiese zwischen den beiden Häusern herbeieilen und ging ihr entgegen.

»Da sitzt jemand?«, fragte sie außer Atem.

»Ich denke ja. Komm, ich zeig es dir.«

Sie gingen gemeinsam zu dem Fenster und er leuchtete erneut hinein.

»Du hast recht«, flüsterte sie. »Aber es darf eigentlich niemand hier sein. Sollen wir reingehen?«

»Hm ... wir könnten uns ja bemerkbar machen, und wenn er dann nicht reagiert, dann gehen wir rein.«

»Wir haben uns doch längst durch die Taschenlampe bemerkbar gemacht«, widersprach Mona Lu. »Da stimmt was nicht. Ich geh da jetzt rein.«

»Okay.«

Er folgte ihr hinters Haus, wo sie wieder durch die eingeschlagene Scheibe hineinlangte und die Tür aufschloss.

»Hast du diesmal wenigstens deine Waffe mit?«, fragte Stein, der sonst nicht viel von wilden Schießereien hielt.

»Was denkst du denn?«, fragte sie zurück.

»Na gut, dann weiter.«

Sie schlichen lautlos voran, bis sie bei der Tür ankamen, die zum Wohnzimmer führte, wo sie den Menschen gesehen hatten.

Mona Lu nickte Stein zu, dann stieß sie die Tür auf und im nächsten Moment flammte das Licht auf.

»Keine Bewegung! Polizei!«, warnte sie, während ihre Hand noch am Lichtschalter hing. Dann ließ sie die Waffe sinken. »Das ist Koch«, sagte sie matt. »Und so, wie es aussieht, ist er wohl tot.«

Das Blut, das dem alten Mann aus dem Schädel gequollen war, klebte an seinen Sachen.

»Das ist Haukes schuld«, sagte Mona Lu tonlos, als sie um den Toten herumging.

»Wieso Hauke?«, fragte Stein.

»Er hat den alten Mann praktisch aus dem Haus gejagt, als er bei mir Tee getrunken hat.«

»Na ja, er hat es bestimmt nur gut gemeint. Und so, wie es aussieht, war die Bekanntschaft mit diesem Mann auch wohl nicht ganz ungefährlich.«

»Gequirlte Scheiße, er wusste doch nur nicht, wohin. Schließlich durfte er nicht in sein Haus einziehen, weil wir, die Polizei, ihn daran gehindert haben.«

»Aber nun ist er ja doch hier. Das ist doch schon merkwürdig.«

»Ich mochte ihn«, sagte Mona Lu jetzt weniger ruppig. »Er war bestimmt kein schlechter Mensch, denn meistens trifft es die Guten.«

Stein wunderte sich ein wenig über ihre doch recht deutlichen Emotionen. Sie kannte den Alten doch gar nicht. Warum nahm sie die Sache so mit?

»Du solltest jetzt die Kollegen rufen«, schlug er vor. »Ich werde mich wieder auf den Weg zur Mühle machen.«

»Klar, immer den Weg des geringsten Widerstandes«, murrte sie.

»He, das ist unfair. Du weißt, dass ich …«.

»Ja, entschuldige, ich weiß natürlich, dass dich das alles hier nichts angeht.«

Er wusste, dass es jetzt zwecklos war, noch weiter mit ihr zu diskutieren.

»Du weißt, wo du mich findest«, sagte er. »Und ich bleibe noch so lange hier, bis ich das Blaulicht sehe. Vielleicht ist der Täter ja sogar noch im Haus.«

»Das glaube ich nicht«, meinte Mona Lu. »Koch ist doch schon ganz kalt.«

Hauke hatte das ganze Haus nach Mona Lu abgesucht, als er spät nach Hause gekommen war. Irgendwie hatte er schon geahnt, dass es mit dem Haus zu tun haben musste. Und dann hatte er das Blaulicht gesehen und die Sirenen gehört, die den Sandweg zu dem Haus hochfuhren.

Er schnappte seine Jacke und seine Kamera und lief über die Wiese zum Haus.

Draußen vor der Tür sah er dann Mona Lu mit den Beamten sprechen.

Als diese dann ins Haus gingen, nutzte er den kurzen Moment, wo sie alleine vor dem Haus stand und ins Leere sah, und trat zu ihr.

»Hauke? Wo kommst du denn her?«

»Ich hab dich gesucht und dann habe ich die Streifenwagen zu dem Haus fahren sehen. Der Rest war dann nicht mehr schwer. Was ist denn passiert?«

»Koch ist tot.«

»Koch?« Er verstand noch nicht ganz.

»Der alte Mann, den du aus meinem Haus gescheucht hast.«

»He, Moment. Wieso ist er tot? Und warum ist es jetzt plötzlich alles meine Schuld?«

»Ach, vergiss es. Ich muss jetzt meine Arbeit machen.«

»Warte«, er hielt sie am Arm fest. »Mona, vielleicht habe ich wirklich falsch gelegen mit der Einschätzung dieses Mannes. Aber es ist nicht meine Schuld, dass er jetzt tot ist. Okay?«

»Lass mich los«, warnte sie.

Augenblicklich folgte er ihrem drohenden Wunsch.

»Sag mir nur, was hier eigentlich los ist«, bat er.

»Irgendjemand hat Koch erschlagen und dann aufs Sofa gesetzt. Reicht das?«

»Ich brauche wohl nicht zu fragen, ob ich Fotos machen darf.«

»Nein, das brauchst du nicht.«

Dann ließ sie ihn stehen und ging ins Haus.

Hauke versuchte, wenigstens durch die Fenster eine Aufnahme hinzukriegen. Der Anblick des toten Mannes auf dem Sofa war bizarr. Das würde sich gut auf Seite 1 machen. Und mit so einer Schlagzeile wäre er endlich den Weihnachtsquatsch los. Aber vermutlich auch Mona, dachte er, schoss dann zwar Fotos, doch eher für den Hausgebrauch.

Und vielleicht konnten sie ja auch für die Polizei dienlich sein, tröstete er sich darüber hinweg, dass er Mona Lu mal wieder hinterging.

Er war bisher nicht dazu gekommen, etwas über Bernhard Koch zu recherchieren. Doch das würde morgen bestimmt anders werden. Sein Chef würde auf Knien zu ihm angerutscht kommen, damit er über den Mordfall schrieb, da er exclusive Fotos beisteuern konnte. Das wäre sein ganz persönliches Weihnachtsfest.

Er sah, wie Mona Lu mit ihren Kollegen sprach und in diesem Moment, da wäre er am liebsten für sie gestorben. Er liebte sie so sehr, dass es wehtat. Doch immer öfter traf er bei ihr den falschen Auslöser. Egal, was er machte, es war ein Fehler. Sie fühlte sich missverstanden oder hintergangen oder weiß Gott was noch. Und wäre an ihrem Geburtstag in der Nacht nicht das Feuer ausgebrochen, wer weiß, womit er dann den Abend noch verhagelt hätte.

Mona Lu gehörte zu den Frauen, denen man es nicht recht machen konnte. Und vielleicht lag genau hier das Problem, dachte er. Warum versuchte er es eigentlich so krampfhaft? Vielleicht sollte er sich einfach mal zurückhalten und warten, bis sie zu ihm kam.

Der Leichnam des alten Mannes wurde von allen Seiten fotografiert und mit behandschuhten Fingern abgetastet. Und Hauke konnte gar nicht mehr aufhören, genau das aufzunehmen. Es hatte so etwas komisch Morbides. Manche Menschen wurden erst interessant, wenn sie nicht mehr lebten.

Dann drückte jemand seine Augen zu und man legte ihn in einen Zinksarg.

Hauke hatte gar nicht gemerkt, dass er seine Füße nicht mehr spürte. Er konnte kaum noch gehen, als er endlich aus seiner Anspannung entfliehen konnte, als man den Sarg nach draußen trug.

Auch Mona Lu kam vor die Tür.

Doch er dachte ja gar nicht daran, jetzt zu ihr zu gehen.

Auch wenn ihm das verdammt schwerfiel, jetzt war sie am Zug.

Er bemerkte, dass sie sich suchend umsah. Und vielleicht sucht sie sogar nach ihm. Er würde es nicht erfahren, denn er machte kehrt und lief zu ihrem Haus zurück.

Kein Gefühl

Als Mona Lu ins Haus kam, wusste sie, dass Hauke bereits im Bett lag. Und sie verspürte nicht die geringste Lust, sich dazuzulegen.

Also öffnete sie sich eine Flasche Rotwein, schenkte sich ein Glas ein und ging damit zu ihrem Sofa und starrte in die Nacht.

Sie saß hier jetzt, wie an ihrem Geburtstag. Doch seitdem war so viel geschehen.

Das einst so unscheinbar wirkende Haus von gegenüber war plötzlich zu einem Ort mit zwei Toten geworden.

Aus der Kriminaltechnik hatte es geheißen, dass es vermutlich unmöglich sein würde, jemals zu erfahren, wer da eigentlich im Schuppen verbrannt war. Ja, nicht einmal das Geschlecht ließ sich bis jetzt einwandfrei ermitteln. Da hatte jemand ganze Arbeit geleistet. Und dann erschlug er einfach jemanden und setzte ihn aufs Sofa? Wie passte das eigentlich zusammen?

Mona Lu ging derzeit davon aus, dass es sich um denselben Täter handeln musste. Was sich aber durch keinen Hinweis untermauern ließ.

Und immer noch schwirrte ihr dieser junge Mann im Kopf herum, der mit der Jacke von Bernhard Koch etwas ins Haus getragen hatte.

Aber wenn er dort in dem Schuppen verbrannt war, wie passten dann dieser junge Mann und Koch zusammen? Es gab eigentlich nur eine Schlussfolgerung, die ihr ansatzweise plausibel erschien. Sie mussten verwandt sein. Vater und Sohn oder auch Großvater und Enkel.

Aber warum waren jetzt beide tot?

Sie starrte immer noch auf das Haus, als sie sich bereits das dritte Glas Rotwein einschenkte.

So langsam wurde sie rührselig vom Wein. Das geschah ihr leider immer wieder, weshalb sie auch nur ungern alleine so viel trank. Dann wurde sie sentimental. Dachte an Hauke, und was sie alles schon Böses zu ihm gesagt hatte. Und immer war er noch bei ihr. Tränen liefen über ihr Gesicht.

Sie hätte jetzt gerne in seinen Armen gelegen. Alles sollte wieder gut sein. Doch sie konnte einfach nicht zu ihm ins Bett gehen. Nicht in dieser Stimmung, in der sie sich befand. Er würde es nicht verstehen, warum sie weinte. Das verstand nur Stein.

Und schon war sie beim nächsten wunden Punkt angelangt und schniefte in ein Papiertaschentuch. Sie hatte Stein schon immer geliebt. Bestimmt nicht auf die romantische Weise. Dafür war er nicht gemacht. Man liebte ihn mit Haut und Haar, bedingungslos und ohne jedes Tabu. Doch er? Was machte er eigentlich mit ihr? Er ließ sie tänzeln. Bis auf einige Meter an sich heran, dann stieß er sie wieder sanft von sich und hielt sie auf Abstand. Manchmal nahm er sie in den Arm, küsste sie auf die Wange, streichelte ihren Rücken, um dann im nächsten Moment aufzustehen und Tee zu kochen. Welcher Mann machte denn sowas? War sie eine Frau, mit der man es machen konnte? Sie hatte ihm mehr als einmal deutlich gezeigt, dass sie mehr für ihn empfand. Was auch immer das für Gefühle waren. Er jedenfalls meinte, sie bilde sich vieles nur ein und liebe Hauke. Vielleicht stimmte das ja auch.

Aber wer war Hauke eigentlich? Sie kannte ihn nur oberflächlich als guten Journalisten und Freund, wenn sie jemanden brauchte, der sie in den Arm nahm. Aber wer war Hauke wirklich? Hatte sie sich schon jemals dafür interessiert, was seine Sorgen waren? Womit er sich den ganzen Tag herumplagte? Welche Ängste ihn quälten? Immer, wenn er von seiner Arbeit erzählte, dann hörte sie nur mit halbem Ohr hin. Hatte sie ihn überhaupt schon einmal gefragt, wie es ihm ging? So richtig tief drinnen? Nein, das hatte sie nicht.

Ihre Tränen waren getrocknet und sie schluckte. Ihr Blick fiel auf den kleinen Schreibtisch, an dem Hauke manchmal saß und seine Fotos sortierte. Er musste alles festhalten, dachte sie. Sie selber mochte keine Fotos von sich. Sie wollte nicht an Momente, Tage oder Jahre erinnert werden. Besser nicht. Sie lebte nur im Hier und Jetzt und scherte sich auch nicht um den nächsten Tag.

Vielleicht würden seine Fotos Aufschluss über ihn geben, dachte sie und ihr Herz war voller Liebe für ihn in genau diesem einen Moment.

Auf wackeligen Beinen stand sie vom Sofa auf und ging zu dem Schreibtisch herüber. Sie fuhr mit der Hand über das stark in Mitleidenschaft genommene Holz. Sie fand ja immer, dass Holz lebte. Und erst, wenn die ersten Schrammen und Flecken auf einem Tisch zu sehen waren, fühlte es sich für sie gut an.

Sie beugte sich herunter, hielt sich mit der einen Hand fest und zog mit der anderen eine Schublade auf. Darin lag alles wild durcheinander. Fotos, bekritzelte Notizzettel und sogar alte Batterien aus seinen Kameras. Typisch Hauke. Er war genauso unordentlich wie sie. Sie schob die Schublade wieder zu und zog die nächste auf.

Sie zwinkerte kurz, weil sie glaubte, sich zu täuschen. Aber sie irrte sich nicht. Auf all den Fotos, die sie jetzt sah, ging es immer nur um eine Person. Nämlich um sie. Plötzlich fühlte sie sich stocknüchtern.

Sie griff wahllos in den Haufen Bilder und ging mit einer Handvoll wieder rüber zum Sofa. Sie sah sich, wie sie an der Spüle stand und nach draußen sah. Nachdenklich und grübelnd. Es war ein Schnappschuss, von außen aufgenommen. Dann wiederum saß sie im Wohnzimmer und sah nach draußen. Auf genau diesem Sofa, wo sie jetzt saß. Ihr Gesicht sah traurig aus. War sie wirklich immer so traurig? Und warum hatte Hauke sie heimlich fotografiert? Was ging da vor? Studierte er heimlich ihren Gemütszustand? Machte er sich über sie lustig, wenn er die Bilder durchsah?

Und dann fiel ihr ein Foto in die Hand, das sie nackt zeigte. Sie stieg gerade unter die Dusche. Ihre Silhouette ließ sie dank der milchigen Glasscheibe mehr erahnen, denn erkennen. Doch da es offensichtlich spät am Abend aufgenommen worden war, brannte Licht im Bad. Und auch, wenn ein Fremder niemals gesehen hätte, dass sie es war, die da gerade in die Dusche stieg, sie selber wusste es.

Ihr Magen zog sich zusammen. Fast hätte sie gewürgt. Was war Hauke nur für ein Schwein? Und eben hatte sie noch die tiefsten Gefühle für ihn gehabt. Sicher würde er sagen, dass sie in seinen Sachen herumschnüffelte, wenn sie ihm die Bilder unter die Nase hielt und ihn fragte, warum er das machte.

Doch es war ihr egal, was er dachte. Wie ihr in diesem Moment überhaupt alles egal war, was mit Hauke geschah. Jetzt und in der Zukunft. Er konnte machen, was immer er wollte. Aber sie würde ihn nicht mehr in ihrer Nähe ertragen, soviel stand für sie jetzt schon fest.

Es lag nur daran, dass sie jetzt, von dem vielen Wein, ihren hochkochenden Emotionen, und der fortgeschrittenen Zeit - es war mittlerweile weit nach Mitternacht - einfach zu müde war, um ihn aus dem Bett zu holen.

Immer wieder wanderten die Bilder durch ihre Hände. Sie konnte es einfach nicht glauben, dass er so weit gegangen war. Er hatte eine Grenze überschritten, ganz eindeutig. Wenn er Bilder von ihr hätte machen wollen, dann hätte er doch einfach fragen können. Aber solche Fotos waren es eben nicht. Vielmehr hatte er sie heimlich aufgenommen in Situationen, die sie selber niemals auf Fotos hätte sehen wollen. Er wusste, wie wichtig ihr ihre Privatsphäre war.

Erschüttert legte sie die Bilder wieder in die Schublade zurück. Dann kroch sie auf dem Sofa unter eine Decke und trank den Rest des Rotweins direkt aus der Flasche. Es wunderte sie nicht mehr, dass der Adler sich in eine Mühle zurückgezogen hatte, und mit den Menschen nichts mehr zu tun haben wollte. Man wurde doch immer nur enttäuscht.

Das war es jetzt?

Hauke hatte wie ein Murmeltier geschlafen. Und als er aufwachte, wunderte er sich zunächst, dass Mona Lu nicht neben ihm lag.

Er sah auf sein Handy. Gleich war es schon acht. Vielleicht war sie wegen der neuen Entwicklungen in dem Fall bereits aus dem Haus gegangen. Und natürlich hatte sie ihn einfach liegen lassen, weil sie sauer war. Und das wegen dieses blöden alten Kerls. Man konnte es auch wirklich übertreiben.

Er drehte sich aus dem Bett und ging ins Bad.

Jedenfalls hatte er das vorgehabt. Doch dann hörte er, wie die Dusche lief. Also war Mona Lu noch im Haus.

Sollte er jetzt schon das Frühstück vorbereiten, oder wieder ins Bett kriechen?

Aufgrund der Umstände entschied sich fürs Erstere, um sie gnädig zu stimmen. Wenn er Reue zeigte, auch wenn er bei sich kein wirkliches Fehlverhalten erkennen konnte, vielleicht war dann alles wieder gut.

Er befüllte gerade die Kaffeemaschine mit Wasser, als er ihre Stimme hinter sich hörte.

»Das kannst du dir sparen«, sagte Mona Lu eiskalt.

Er drehte sich um. In seinem Gesicht lauter Fragezeichen.

»Pack deine Sachen und verschwinde«, zischte sie.

Erst jetzt fiel ihm auf, dass sie sich nur ein Badehandtuch umgebunden hatte und ihre Haare nass auf den Boden tropften. Sie musste es wirklich eilig gehabt haben, ihn aus dem Haus zu werfen.

»Mona, was ist denn jetzt los?«, fragte er völlig entgeistert. »Ich verstehe nicht ... ist es immer noch wegen des alten Mannes. Sorry, aber ich ...«.

»Verschwinde einfach!«, schrie sie jetzt und er sah die Wut in ihren Augen.

»Aber warum? Erklär es mir doch wenigstens«, jammerte er jetzt. »Das kann doch nicht dein Ernst sein. Mona, man kann doch über alles reden. Es tut mir doch auch leid, dass der alte Mann tot ist. Aber es ist nicht meine Schuld.«

Ihr Blick war voller Verachtung.

»Du hast eine Stunde, dann sind alle deine Sachen verschwunden. Und wenn ich sage, alle, dann meine ich das auch. Nimm auch deine dreckigen Fotos mit. Ich will nie wieder etwas mit dir zu tun haben.«

Sie machte auf dem nackten Absatz kehrt und rannte ins Schlafzimmer. Er hörte noch, wie sie den Schlüssel umdrehte.

Völlig ratlos stand er an die Küchenzeile gelehnt. Jetzt war sie völlig durchgedreht. Irgendwann hatte es ja so kommen müssen, dachte er. Wo sie doch immer mit Adler herumhing, der ja auch nicht alle Tassen im Schrank hatte. Aber dass sie so austicken würde, damit hätte er nun auch nicht gerechnet. Es war doch nur ein alter Mann. Und sie kannte ihn doch gar nicht. Dreckige Fotos hatte sie gesagt. Was hatte sie denn da schon wieder mit gemeint? Bisher war er immer davon ausgegangen, dass sie von seinen Fotos eine ganze Menge gehalten hatte. Und er war doch auch immer auf ihre Wünsche eingegangen, wenn er Fotos von Tatorten, an die er nur so schnell rangekommen war, weil er sie kannte, veröffentlicht hatte. Na ja, meistens jedenfalls, hatte er sich an ihre Wünsche gehalten. Manchmal war dann aber auch der lange Arm seines Chefs dazwischengefahren, weil er an die Auflage, von der letztlich auch Haukes Job abhing, appelliert hatte. Doch bisher hatte sie ihm auch das verziehen. Sie wusste ja, dass es heutzutage nicht mehr so leicht war, als Journalist zu überleben.

Und dass er gestern Abend Fotos von dem ganzen Prozedere in dem Haus gemacht hatte, davon konnte sie doch noch gar nichts wissen. Sie waren noch nicht entwickelt und er hatte beschlossen, seinem Chef davon nichts zu sagen. Dafür war ihm seine Beziehung zu ihr doch viel zu wichtig geworden.

Und jetzt das? Sie hatte ihn rausgeschmissen. Hochkantig, wie man so schön sagte. Er sollte seine Sachen packen. Und es hatte nicht wie ein böser Scherz geklungen. Sie meinte es wirklich ernst.

Als er hörte, wie die Tür des Schlafzimmers wieder aufgeschlossen wurde, rechnete er mit dem Schlimmsten.

Und tatsächlich stand sie im nächsten Moment in der Tür.

»Ich meine es ernst. Wenn ich von der Arbeit zurück bin, dann will ich von dir hier nichts mehr sehen.«

Sie wartete nicht auf eine Antwort von ihm.

Er stand da in seinem Schlabbershirt und Unterhose und war den Tränen nahe.

Ein letzter Versuch, dachte er. Ich darf jetzt nicht einfach aufgeben.

Also ging er ihr ins Wohnzimmer nach, wo sie immer ihr Handy auflud.

»Mona«, fing er an und stellte sich in den Türrahmen. »Du bist mir eine Erklärung schuldig.«

Sie drehte sich ruckartig um.

»Ich bin dir gar nichts schuldig«, zischte sie. »Und jetzt geh mir aus dem Weg.«

Sie machte ein paar Schritte auf ihn zu.

Er blieb stehen.

Sie ballte die Fäuste.

Ja, wenn es sein musste, dann ließ er sich jetzt auch von ihr verprügeln, dachte er. Aber er wollte wissen, was mit ihr los war.

»Geh weg!«, schrie sie jetzt. »Hau endlich ab!«

Er sah, dass sich Tränen in ihren Augen sammelten. Also fiel es ihr auch nicht gerade leicht, was sie da machte.

»Mona«, versuchte er es noch einmal mit einer weichen Stimmlage. »Ich liebe dich. Du kannst mich doch nicht einfach rauswerfen wie einen alten Hund.«

»Du bist kein Hund, du bist ein Schwein.«

Perplex sah er sie an. Das war nicht seine Mona. Sie wirkte wie ein Zerrbild aus einem wilden Ami-Streifen.

»Aber dann erklär es mir doch wenigstens«, bettelte er. »Ich weiß nicht, was los ist. Es kann doch nicht einfach aus sein mit uns.«

Auch ihm liefen jetzt Tränen übers Gesicht.

»Du hast eine Grenze überschritten«, flüsterte sie. »Die Konsequenzen musst du jetzt tragen. Ich will nichts mehr mit dir zu tun haben. Und jetzt lass mich durch, bevor es hier ganz böse endet.«

Und auch wenn sie weinte, so spürte er doch, dass sie zu allem fähig wäre. Er wollte keine Gewalt. Nicht von der

Frau, die er liebte, geschlagen werden. Und schon gar nicht wollte er selbst die Hand gegen sie erheben.

»Ist gut«, sagte er und hob abwehrend die Hände, während er den Weg aus dem Wohnzimmer freigab. »Ich werde gehen. Ich packe meine Sachen. Aber wir werden reden müssen, Mona. Irgendwann, wenn du dich wieder beruhigt hast, dann wirst du mir alles erklären müssen.«

Sie sagte nichts mehr und rannte an ihm vorbei ins Freie.

Kurz darauf hörte er, wie sie mit durchdrehenden Rädern davonbrauste. Ihm war klar, wohin sie jetzt fuhr.

Er ging ins Bad und wischte sich übers Gesicht, als er sich im Spiegel sah. Er fühlte sich plötzlich leer und wie tot. Innerlich tot. Wie sollte er denn jetzt zur Arbeit gehen? Einfach so tun, als ob nichts wäre, während in seinem Brustkorb eine große Wunde klaffte. Sie hatte ihm das Herz herausgerissen, mit beiden Händen.

Er stellte sich unter die Dusche und ging schließlich zu Boden, als er wieder weinen musste. Es tat so weh.

Es dauerte lange, bis er das Wasser abstellte.

Wie in Trance trocknete er sich ab und zog sich seine Jeans und seinen dunkelblauen Pullover über.

Sein Blick wanderte über die Ablage.

Geh weg, hatte sie geschrien. So hatte er Mona Lu noch nie gesehen. Sie hasste ihn, und er wusste nicht, warum.

Er nahm seine Zahnbürste und stopfte sie in seinen dunkelgrünen Kulturbeutel. Dann noch seine Haarbürste und sein Anti-Schuppenshampoo. Eigentlich war das auch schon alles, was wirklich nur ihm gehörte.

Anschließend zog er seine große Sporttasche unter dem Bett hervor und griff wahllos nach Pullovern, Jeans und Unterwäsche, bis er meinte, alles darin verstaut zu haben. Wie gut, dass er seine Wohnung noch behalten hatte, dachte er und hätte beinahe erneut ein paar Tränen verloren. Doch er schluckte sie runter.

Er stellte die Sporttasche in den Flur und warf auch den Kulturbeutel hinein. Dann ging er ins Wohnzimmer zu dem Schreibtisch, wo seine Fotosachen ihren Platz gefunden hatten. Das erste, was ihm auffiel, war, dass eine Schublade halb offenstand. Er zog sie weiter auf und sah dann die vielen Fotos von Mona Lu. Was waren das für Fotos? Er war sicher manchmal vergesslich, aber die hatte er ganz sicher nicht geschossen.

Er nahm einen Schwung davon und lief damit zum Sofa, wo er sich fallen ließ. Dann ging er die Aufnahmen durch. Sie waren sehr intim. Sie zeigten Mona Lu in Momenten, in denen sie ganz sicher nicht damit gerechnet hatte, fotografiert zu werden. Und wenn das die Bilder waren, die sie dazu gebracht hatten, ihn als Schwein zu bezeichnen, das eine Grenze überschritten hatte, dann musste er ihr hier und jetzt auf der Stelle Recht geben. Und niemals hätte er diese Grenze überschritten. Er wusste durchaus mit seiner Verpflichtung als Fotograf umzugehen. Er fragte immer, ob jemand fotografiert werden wollte. Jedenfalls, solange er noch lebte.

Aber von wem waren diese Bilder dann gemacht worden? Und noch viel schwerer hing die Frage im Raum, wer diese dann auch noch in seinen Schreibtisch zu den anderen Fotos gelegt hatte. Es war jemand im Haus gewesen. Ob es der Alte gewesen war, als Mona Lu ihn zum Tee ins Haus geholt hatte? Er war Künstler. Warum also nicht auch fotografieren? Aber warum Mona Lu?

Hauke fiel es plötzlich wie Schuppen von den Augen. Es wollte jemand, dass Mona Lu sauer auf ihn war. Wollte, dass sie ihn rausschmiss. Ihn hasste und tobte, bis er endlich verschwand.

Er musste sie unbedingt finden und mit ihr sprechen.

Also ging er zu seinem Wagen und fuhr Richtung Mühle.

Wem kann man noch trauen?

Stein hörte schon daran, wie Mona Lu die Wagentür zuwarf, dass etwas in der Luft lag.

Und als sie dann auf die Mühle zulief, als würde sie jeden Moment vom Boden abheben vor Kraft, da wusste er, dass es mehr als nur eine leichte Verärgerung war, die sie umtrieb.

Sie wartete auch nicht lange ab, bis er sie nach oben rief. Sie sah nur kurz zu ihm rauf, nickte und stob im nächsten Moment durch die Tür.

Erst, als sie oben ankam und vor ihm stand, sah er das ganze Bild.

Mona Lus Leben lag in Scherben, das sah er an ihren Augen. Die Ränder waren rot geheult und sie hatte mit ihrem groben Pullover darüber gerieben, so dass die feine Haut um die Augen ziemlich mitgenommen und spröde wirkte.

»Was ist los?«, fragte er ohne weitere Floskeln. »Du siehst ja schrecklich aus.«

Es musste mehr sein als der Tote von gestern Abend.

»Ich«, stammelte sie, »ich …«. Dann liefen wieder Tränen. Sie war nicht einmal mehr in der Lage, zu sprechen.

»Komm, setz dich erst mal.«

Er half ihr aus der Jacke und schob sie zum Sofa, wo sie sich willenlos fallenließ.

Er fragte jetzt nicht weiter, sondern setzte er mal Teewasser auf. Das hatte bisher immer geholfen.

Dann lehnte er sich gegen die Spüle und sah sie nur an.

Sie rollte sich auf seinem Sofa zusammen und lugte zwischen dem Schleier aus Tränen zu ihm herüber.

»Ich habe Hauke rausgeschmissen«, sagte sie dann und schlang ihre Arme um die hochgezogenen Beine.

»Soll ich fragen, warum?«, erwiderte er.

Sie schüttelte den Kopf. »Nein, das sage ich dir auch so. Er ist ein Schwein.«

Okay, dachte er. Hauke war eben Hauke. Aber als Schwein hätte er ihn nie im Leben bezeichnet.

»Was hat er dir getan?«, fragte er dann folgerichtig. Denn es konnte nur eine höchst sensible persönliche Sache sein, wenn sie derart neben sich stand.

»Er hat mich fotografiert«, schluchzte sie, »aber ohne mein Einverständnis. Ich habe die Fotos in seinem Schreibtisch gefunden. Er hat mich anscheinend wochenlang belauert und auf den Ablöser gedrückt. Einfach ekelhaft. Einmal sogar, als ich im Bad war ...«. Sie stockte.

»Nein«, sagte Stein, »das kann doch nicht sein. Nicht Hauke.«

»Er streitet es natürlich ab«, fuhr sie fort. »Was soll er auch sonst machen.«

Stein goss das Wasser auf und brachte die Kanne auf das Stövchen auf dem Tisch.

Dann setzte er sich zu ihr und legte einen Arm um ihre Schulter.

»Hör mal, ich glaube dir, das weißt du. Aber hör mal ganz tief in dich hinein, hör auf dein Herz. Bist du wirklich davon überzeugt, dass Hauke so etwas tun würde?«

Sie sah ihn traurig an.

»Es fühlt sich so schäbig an, wenn man verraten wird«, flüsterte sie. »Und es tut so verdammt weh.«

»Ich weiß«, sagte Stein und zog sie in seine Arme.

Er hielt sie so lange, bis sie nicht mehr zitterte.

Dann löste er sich von ihr und schenkte den Tee ein.

»Aber wenn es nicht Hauke war, wer soll es denn dann gewesen sein?«, fragte sie, als sie nach ihrem Becher griff.

»Das kann ich dir auch nicht beantworten.«

»Und warum lagen die Bilder dann in seinem Schreibtisch?«

»Darauf könnte ich mir schon meinen Reim machen«, meinte Stein. »Es will euch jemand auseinanderbringen.«

»Meinst du wirklich?«, fragte sie und ihre Augen wurden langsam klarer.

»Ja, und ich glaube das auch«, sagte plötzlich eine dritte Stimme und beide sahen zu Hauke, der unbemerkt in die Mühle gekommen war.

»Hauke«, sagte Stein, »ich weiß nicht, ob das jetzt wirklich ein so günstiger Zeitpunkt ist.«

»Vielleicht ist das der günstigste Zeitpunkt in meinem ganzen Leben«, sagte Hauke. »Denn ich bin vielleicht ein Idiot, ein Trottel, ich mache nicht immer alles richtig. Aber ich würde NIEMALS so etwas mit dir machen, Mona.«

Flehend sah er sie an.

Und Stein spürte, dass er jetzt fehl am Platze war. Er stand vom Sofa auf und ging nach draußen auf die Galerie. Das war jetzt eine Sache zwischen den beiden. Da wollte er nicht Schiedsrichter spielen.

Mona Lu und Hauke sahen sich an. Beiden stand der Schmerz ins Gesicht geschrieben.

»Aber wer hat dann die Fotos gemacht?«, fragte Mona Lu als Erstes.

»Glaub mir, niemand möchte das mehr wissen als ich«, sagte Hauke, erleichtert darüber, dass sie endlich wieder normal mit ihm sprach. »Und wenn ich das Schwein zwischen die Finger kriege, dann breche ich ihm sämtliche Knochen.«

Plötzlich lachte Mona Lu los. Vielleicht war es eine Art Befreiung für sie. Sie lachte, bis ihr die Tränen kamen und sie sich den Bauch halten musste vor Schmerz.

Hauke war zu ihr gekommen und saß jetzt mit auf dem Sofa.

»Ich liebe dich, Mona«, sagte er. »Und wenn sich das eben komisch angehört hat, ich bringe denjenigen um, der das mit dir gemacht hat.«

»Du musst ihn nicht umbringen«, sagte sie jetzt ernst. »Und ich glaube dir, dass du es nicht warst. Das ist eigentlich das Wichtigste für mich, dass nicht du das Schwein bist.«

Er rückte weiter an sie heran, traute sich aber noch nicht, sie in den Arm zu nehmen. Dann erledigte sie den Rest und sie drückten sich und beteuerten sich gegenseitig, dass es ihnen leidtat, was geschehen war.

Dann war endlich alles wieder gut.

»Du kannst wieder reinkommen«, rief Mona Lu, als sie sich wieder voneinander gelöst hatten.

»Das wurde auch Zeit«, sagte Stein, der wild mit den Armen um seinen Oberkörper schlug. »Mir war saukalt da draußen. Ich hasse den Winter.«

»Hier ist noch heißer Tee«, frotzelte Mona Lu.

»Ich denke, ich schenke uns allen erst mal einen guten Schnaps ein«, meinte Stein. »Den können wir jetzt sicher vertragen.«

Die Stimmung wurde gelöster und sie beratschlagten, was sie als Nächstes tun würden. Mona Lu würde in die Dienststelle fahren und versuchen, ein Phantombild des jungen Mannes, den sie am Abend ihres Geburtstages gesehen hatte, anfertigen zu lassen.

Hauke wollte sich mit den Fotos beschäftigen, die ihm untergeschoben werden sollten. In Fachkreisen ließen sich der Kameratyp und das Entwicklungslabor in der Regel ermitteln.

Stein wollte sich aufs Sofa legen und lesen, da er ja schon die letzte Nacht unterwegs gewesen war. Auch wollte er sich über den Fall Gedanken machen.

Dann würde er sie zum Abendbrot mit einem köstlichen Mahl in seiner Mühle erwarten.

Die beiden schlugen ein und machten sich bald auf den Weg.

Auf der Lauer

Was war das denn für ein verdammter Mist? Er schlug wütend mit der Faust aufs Lenkrad. Wieso kamen Mona Lu und dieser Schwachkopf Arm in Arm aus der Mühle?

Das sah nicht mehr nach dem wundervollen Zerwürfnis nach vor über einer Stunde aus, als sie ihm die bösesten Sachen an den Kopf geknallt und ihn aus dem Haus geschmissen hatte.

Sie hatte wie geplant die Fotos gefunden. Eigentlich hatte er schon viel eher damit gerechnet, da Frauen doch in der Regel alles durchschnüffelten, was eigentlich nur ihre Männer etwas anging. Aber auch gestern Abend passte es ganz gut ins Konzept. Und da sie eine Menge Wein getrunken hatte, was er natürlich auch im Bild festgehalten hatte, verfehlte diese Entdeckung nicht ihre Wirkung.

Er hatte sogar damit gerechnet, dass sie in die Küche gehen und sich das Nudelholz holen würde und den armen Wicht nachts aus dem Haus prügelte. Aber man durfte auch nicht gierig werden. Als sie ihn am Morgen aus dem Haus gescheucht hatte, da war es auch ein großes Fest für ihn gewesen.

Eigentlich hatte er sie für eine taffe Polizistin gehalten. Doch sie merkte ja nicht einmal, dass jemand in ihrem Haus gewesen war und eine Wanze installiert hatte.

So hatte er jedes Wort gehört. Manchmal auch das Stöhnen, wenn es zur Sache ging. Dann hatte er den Ton runtergedreht.

Jetzt küssten sie sich auch noch zum Abschied und stiegen jeder in seinen Wagen. Er musste ganz von vorne anfangen.
Er zog sich die Mütze des roten Anoraks tief ins Gesicht und grübelte, wie es jetzt weitergehen sollte.

Wer ist er wirklich?

Ich muss mich jetzt zusammenreißen, dachte Mona Lu, als sie in ihr Büro kam. Sie rief den Kollegen an, der ein Phantombild nach ihren Angaben fertigen würde.

Und dann setzte sie sich an ihren Rechner und durchforstete die Datenbank und das Internet nach Bernhard Koch. Er war ihr einziger konkreter Ansatzpunkt. Und da er Künstler war, gab es eine Menge im Netz über ihn zu finden. Er hatte an gemeinsamen Vernissagen mit anderen Künstlern teilgenommen. Seine Bilder waren großflächig und hatten oft nur zwei oder drei Farben. Diese waren gekonnt miteinander verwoben und stellten Dinge dar, die der Betrachter sich wohl selber zusammenreimen musste.

Mona Lu gefielen sie. Besonders das eine, wo Orangetöne vorherrschten. Es wirkte so fröhlich. Machte gute Laune. Sie hatte in dem Moment große Lust, auch ein Bild von Koch in ihre Wohnung zu hängen. Doch dafür musste sie eine ganze Wand freiräumen und Schränke versetzen. Mit Haukes Hilfe wäre das sicher kein Problem.

Auf manchen Bildern sah Koch noch sehr viel jünger aus, als sie ihn kennen gelernt hatte. Er war ein äußerst attraktiver Mann gewesen. Und bestimmt wickelte er die Frauen seinerzeit um den kleinen Finger. Sie bedauerte es, dass sie ihn nicht näher kennen gelernt hatte. Doch sie verbot sich jetzt den Gedanken, Hauke wieder die Schuld in die Schuhe zu schieben. Er hatte völlig recht, es war nicht seine Schuld. Dinge passierten, weil sie passieren sollten. Es war alles vorherbestimmt. Eigentlich hatte sie es schon immer so gesehen und jetzt emotional überreagiert. Genauso war es wohl.

Es war partout nicht herauszubekommen, ob Koch die Wahrheit zu Frage, ob er jemals verheiratet gewesen war und Kinder hatte, gesagt hatte. Immer ging es nur um die Kunst. Offensichtlich hatte er dafür gelebt.

Sie suchte nach der Adresse in Westerstede und wurde schnell fündig. Was hatte Koch gesagt? Es würden schon neue Mieter mit dem Renovieren beschäftigt sein? Ihr war es egal. Sie hatte einen Mord aufzuklären.

Also beschloss sie, nach Westerstede zu fahren und sich dort umzusehen, sobald sie dem Zeichner alle Details für das Phantombild genannt hatte.

Das Haus, vor dem sie bald darauf stand, war alles andere als eine einfache Wohnung. Da hatte Koch maßlos untertrieben. Es war ein großes weißes Haus, das bestimmt aus den 60ern stammte und durchaus einen neuen Anstrich verdient gehabt hätte.

Der Vorgarten war praktisch komplett mit Efeu zugewachsen, wobei Koch wohl darauf geachtet hatte, dass er sich nicht auch am Haus ausbreitete. Aber alles andere, wo der Efeu irgendwo Halt fand, war von ihm eingenommen worden. Dazwischen reckten alle möglichen Büsche und Sträucher ihre Hälse dem Licht entgegen. Es wirkte zwar ein wenig wild, aber Mona Lu war sich sicher, dass Koch hier genau hingeschaut hatte, damit jede Pflanze zu ihrem Recht kam.

Sie ging auf die Haustür aus Holz, die in einem wunderschönen Blauton gestrichen war, zu, und drückte auf die Klingel.

Es öffnete eine junge Frau mit feuerrotem Haar und sah sie freundlich an.

»Hallo, ich bin Mona Lu von der Polizei Friesland.«

»Polizei? Na sowas. Kommen Sie doch rein, wir haben gerade Kaffeepause.«

Sie fragte weder, worum es ging, noch achtete sie darauf, was Mona Lu machte, sondern ging einfach zurück ins Haus und ließ die Tür sperrangelweit offenstehen.

Schon im Hausflur schlug ihr fröhliches Gelächter entgegen.

In der Küche traf sie dann auf fünf junge Menschen, die sich auf Stühlen lümmelten oder gegen Schränke lehnten und Kaffee tranken.

Sie alle trugen weiße oder bunte Overalls, trugen ihre Haare wild und unfrisiert und es war klar, dass man sie in die Künstlerecke einzuordnen hatte.

»Das ist Mona Lu«, sagte die junge Frau von eben. »Sie ist von der Polizei.«

Oh, raunte einer und andere sahen sie interessiert an.

»Ja, das stimmt«, sagte Mona Lu. Sie wollte langsam zur Sache kommen. »Es geht um Herrn Koch, ihren Vermieter.«

»Bernhard?«, sagte sie junge Frau. »Was ist mit ihm?« Der erste Schrecken stand ihr ins Gesicht geschrieben.

»Er ist ermordet worden«, redete Mona Lu nicht lange um den heißen Brei herum und sofort sah sie nur noch betretene Gesichter.

»Das kann doch nicht sein«, sagte die junge Frau und Tränen sammelten sich in ihren Augen. »Er war doch gestern noch hier und hat uns ein paar Ratschläge zu geben. Wieso ist er tot?«

»Das versuche ich herauszufinden«, antwortete Mona Lu matt. »Und er war gestern hier?« Das musste nachdem gewesen sein, als Hauke ihn aus ihrem Haus geworfen hatte.

»Ja, er war hier. So gegen Mittag würde ich sagen. Hier trägt niemand eine Uhr, wissen Sie. Aber die Sonne stand ziemlich hoch am Himmel, deswegen …«.

»Was hat er hier gewollt?«

»Es ist sein Haus.«

»Ja, ich weiß. Aber er hat es Ihnen vermietet, oder?«

»Tja, so kann man es sicher auch wohl nennen«, sagte sie.

»War es nicht so?«

»Er hat es uns überlassen, würde ich eher sagen. Wir müssen nicht dafür bezahlen. Er wollte, dass wir uns hier frei entfalten können und nur um unsere Kunst kümmern. Wir sind nämlich alle Schüler von ihm gewesen und er hat gemeint, wir sollten weiter an dem Ausdruck unserer Bilder arbeiten.«

»Das heißt also, sie können hier wohnen so lange sie wollen?«

Sie zuckte mit den Schultern. »Vielleicht hat er es so gemeint. Wir haben die Dinge nicht immer gleich eingeordnet, wissen Sie. Hier ist immer alles im Fluss. Wir malen zusammen, der eine kommt, der andere geht. Doch jetzt werden wir hier wohl ausziehen müssen, nehme ich an. Wenn er doch tot ist.«

Sie schniefte und ein anderer reichte ihr ein Papiertaschentuch.

»Ja, sicher wird es darauf hinauslaufen«, sagte Mona Lu und fühlte sich betroffen, auch wenn sie die Menschen hier gar nicht kannte. »Darf ich mich vielleicht ein wenig im Haus umsehen?«

»Sicher, machen Sie nur. Es steht Ihnen alles offen.«

Sie ließ die Künstlerrunde alleine und ging von einem Raum in den nächsten. Die Zimmer waren überaus groß und hell, die Decken höher als gewöhnlich. Die Einrichtung war eher reduziert mit funktionalen Sitzgruppen, Tischen und höchstens einem offenen Regal an der Wand. Jeder andere freie Zentimeter galt der Kunst. Bilder standen an Wänden hintereinander aufgereiht, einige waren aufgehängt. Es waren auch einige von Koch darunter, das erkannte sie so langsam, weil sie denen, die sie im Internet gefunden hatte, vom Stil her ähnelten.

Koch war ein Künstler gewesen durch und durch, er hatte bestimmt nie viel Geld besessen, doch er schien zufrieden, ja vielleicht sogar glücklich gewesen zu sein. Und er war großzügig. Andere würden es vielleicht verrückt oder leichtsinnig nennen, wenn er einer Horde künstlerisch Begabter einfach sein Haus zur Verfügung stellte. Doch er hatte recht, was konnte man schon mitnehmen, wenn man diese Erde verließ. Wäre er so wie alle anderen, dann hätte er alleine hier in seinem Haus gehockt und wäre einsam und unglücklich gewesen.

Es roch nach Farbe und guter Laune. Und hätte man ihr einen Pinsel, ein Blatt Papier gegeben, dann hätte selbst sie, die eigentlich von sich sagte, für alles, was irgendwie zwanglos war, ungeeignet zu sein, sie hätte gemalt. Am liebsten in Orange.

Sie konnte in diesem Moment nicht sagen, warum, aber es tat ihr unendlich leid, dass sie Koch nicht näher kennengelernt hatte.

Sie ging wieder auf den Flur, bevor sie auch noch anfing zu heulen. Und aus der Küche hörte sie genau das. Es war eine große Trauer über dieses Haus hereingebrochen.

Mona Lu ging weiter, bis sie zu einer schmalen Tür kam, die offensichtlich in einen Keller führte. Sie drückte die Klinke herunter und sah in einen hellen Raum weiter unten.

Als sie die Stufen hinabstieg, sah sie bereits die riesengroßen Holztische, die voller Farbkleckse, Lappen, Pinsel und allerlei anderen Utensilien waren.

Hier wurde also gearbeitet, wie man so schön sagte. Es roch nach Kreativität, Freiheit und dem Versprechen an das Leben, dass man das Beste daraus machen würde. Wenn auch vielleicht nur an diesem einen Tag.

Auch hier standen viele Leinwände, leere oder auch schon mit Gemälden an den Wänden aufgereiht.

Mona Lu ging daran entlang und sah die gelbgoldenen Sonnenstrahlen, die an diesem Novembertag wohl wirklich alles gaben, um Bernhard Koch gebührend zu verabschieden, auf eine Reihe Bilder scheinen, die sie wie magisch anzogen.

Das erste Bild zeigte das Gesicht eines kleinen Mädchens. Es sah traurig mit großen braunen Augen in die Welt. Das Kürzel des Künstlers war eindeutig auf Koch zurückzuführen. Wer dieses Mädchen wohl gewesen war? Es konnte sein, dass er sie irgendwo bei einem Bummel durch die Stadt oder an einem sonnigen Strand gesehen und ihr Antlitz sich in sein Gedächtnis brannte, bevor er sie gemalt hatte. Und genauso gut konnte es das Kind eines befreundeten Ehepaares sein, das einmal ein Wochenende hier bei ihm verbracht hatte. Künstler sogen Eindrücke auf und brachten sie zu Papier, hatte sie mal irgendwo gelesen. Es war mehr das, was ihr Inneres mit dem, was sie gesehen hatten, machte, was dann auf der Leinwand Gestalt annahm.

Sie wunderte sich in diesem Moment selber, warum sie sich so sehr für Kunst interessiert hatte irgendwann, dass sie sogar solche Artikel nicht vergessen hatte.

Sie zog das Bildnis des kleinen Mädchens zu sich heran, um sich das nächste Bild anzusehen. Es war genau das gleiche Gesicht. Nur diesmal lächelte das Mädchen sogar. Dann zog sie auch das Bild zu sich und wieder kam das gleiche Gesicht mit einem anderen Blick zum Vorschein.

Mona Lu ahnte, wie die Reihe von noch mindestens zehn Bildern weitergehen würde. Und wie hypnotisiert machte sie immer weiter. Sie wollte sie alle sehen. Und mit jedem weiteren Bild, das sie sah, braute sich immer mehr in ihr zusammen. Es war am Anfang bei dem ersten Bild nur ein kurzer Moment gewesen, dass sie es gedacht hatte. Doch als sie die Bilder immer weiter durchging, jede erdenkliche Mimik und Ausdruck in den Augen, dem Mund und dem, was man nicht fassen konnte, in dem kleinen Mädchen sah, da wusste sie plötzlich, wer es war.

Auf all diesen Bildern war sie, Mona Lu, zu sehen.

Wie erschlagen stand sie da. Sie stellte die Bilder vorsichtig zurück an ihren Platz. Es gab keinen Zweifel mehr, Bernhard Koch hatte sie gemalt.

Aber warum? Woher kannte er sie?

Für einen Moment wurde es ihr schwindlig.

Was war, wenn das alles gar kein Zufall gewesen war, dass er ausgerechnet in dem Haus ihr gegenüber eingezogen war? Wenn er gewusst hatte, dass sie dort wohnte? Aber warum hatte er dann nichts gesagt, als sie ihm Tee angeboten hatte?

Er musste sie als kleines Mädchen gekannt haben. Aber sie konnte sich an keinen Mann erinnern, den sie vorhin an dem PC gesehen hatte. Koch, als er noch viel jünger gewesen war. Er war ihr nicht im Entferntesten bekannt erschienen.

Und doch musste es irgendeine Verbindung zwischen ihnen beiden geben. Das Ungeheuerlichste, was ihr in diesem Augenblick in den Sinn kam, verbot sie sich, auch nur zu denken.

»Alles in Ordnung da unten?«, hörte sie plötzlich jemanden von oben rufen.

»Ja, alles gut«, antwortete sie und lehnte sich an eine Wand.

»Wir hätten auch einen Kaffee für Sie, wenn Sie möchten.«

»Gerne, ich komme gleich rauf.«

In der Küche hatte man wieder zur alten Stimmung zurückgefunden. Jeder trauerte eben auf seine Art.

»Wir werden für ihn ein großes Kunstfest zum Abschied organisieren«, sagte die junge Frau mit den feuerroten Haaren. »Ich weiß, dass es Bernhard gefallen hätte.«

Die anderen nickten zustimmend.

»Da würde ich auch gerne kommen«, sagte Mona Lu.

Sie hatte sich mit an den Tisch gesetzt, als gehörte sie dazu.

»Klar, Sie können alle mitbringen, die Sie kennen.«

Tja, dachte sie. Da wäre Hauke, der kommt schon alleine aus Neugier mit und um Fotos zu schießen für einen Artikel. Adler geht nicht aus dem Haus. Das war's dann auch schon an Freunden, die ich habe. Sie sagte es nicht. Es fühlte sich einfach zu traurig an, so ein einsamer Mensch zu sein.

»Ich würde gleich gerne noch ein paar Fotos machen im Keller«, sagte sie, als Sie ihren Kaffee aufhatte.

»Sicher ...«.

»Und ich muss euch bitten, nichts mehr zu verändern da unten im Keller. Am besten, ihr geht da gar nicht mehr rein, bevor nicht meine Kollegen von der Kriminaltechnik dort unten gewesen sind.«

»Klar, kein Problem. Wenn es für die Suche nach dem Täter wichtig ist, dann halten wir uns daran.«

Mona Lu ging noch einmal nach unten und fotografierte jedes der Bilder des kleinen Mädchens. Sie fand, dass das Erste, das mit dem traurigsten Gesicht von allen, ihr am meisten ähnelte.

Auch von den anderen Bildern und dem Raum insgesamt machte sie oberflächlich Bilder mit ihrem Handy.

Dann rief sie die Kollegen von der KTU an, damit sie nach Spuren suchten, die nicht von Koch stammten, aber mit denen im Haus in Horumersiel übereinstimmten. Und besonders hatte sie da den jungen Mann im Sinn, der mit dem roten Anorak von Koch in dem Haus gewesen war. Der Anorak war seit der Ermordung von Koch verschwunden.

Am liebsten hätte sie die jungen Künstler auch aus dem Haus gehabt. Doch sie wusste nicht, wie sie es ihnen beibringen sollte, ohne, dass es zu hart geklungen hätte. Doch eigentlich mussten sie hier raus. Zumindest für vierundzwanzig Stunden. Alles andere wäre unprofessionell und würde zudem die Kollegen bei ihrer Arbeit behindern.

»Hört mal«, druckste sie herum, als sie wieder in die Küche kam, »es ist mir wirklich unangenehm, aber am liebsten wäre es mir wirklich, wenn ihr für gute vierundzwanzig Stunden auch nicht im Haus wärt, damit meine Kollegen in Ruhe arbeiten können. Ich meine, das erleichtert ihnen die Sache wirklich ungemein und ihr würdet mir damit einen großen ...«.

Sie hielt im Redeschwall inne, weil alle sie aus großen Augen anstarrten.

»Eh, kein Problem«, sagte die Rothaarige, »wir sind schon weg, oder Leute?«

Die anderen nickten.

»Bestimmt gewährt uns Conen Unterschlupf in seiner Galerie, bis wir wieder hier weitermachen können.«

Mona Lu fragte nicht, wer Conen war. Wenn man sie aus ihrem Haus geworfen hätte, dann wäre sie zu Adler gegangen. So hatte wohl jeder seinen Conen.

Als sie alleine im Haus war, die jungen Leute waren wirklich im wahrsten Sinne des Wortes abgerauscht, da erst nahm sie so richtig wahr, dass sie in dem Haus von Bernhard Koch war. Hier hatte er viele Jahre gelebt, so hatten die jungen Künstler erzählt. Sein Haus war immer für alle offen gewesen. Viele hatten hier ihre ersten Schritte mit ihm gemeinsam gemacht, bis sie von einer ersten Galerie zu einer Ausstellung eingeladen worden waren.

Koch selber war ein Selfmade-Künstler gewesen. Er hatte nie eine Kunsthochschule von innen gesehen. Nein, eher empfand er es als überflüssig, sein Talent in solchen Gruppenzwängen in eine bestimmte Form pressen zu lassen. Ein Künstler brauchte Raum. Und er hatte ihn sich hier zweifellos in diesem Haus geschaffen.

Und immer wieder geisterte die Frage durch ihren Kopf, was er mit ihr zu tun haben könnte? Es lag nahe, dass er ein Verwandter von ihr war. Oder hatte er nur ihre Mutter gekannt?

Mona Lu wusste eigentlich gar nicht so viel über ihren Vater. Ihre Mutter hatte immer gesagt, dass er sich früh aus dem Staub gemacht hatte, als es schwierig wurde. Mit »es« meinte sie in der Regel ihre Tochter. Mona Lu war schon immer dickköpfig gewesen. Ein Skorpion eben. Ihrer Mutter machte das nur Probleme, wie sie gerne vor anderen klagte.

Und so war Mona Lu schon das erste Mal von Zuhause ausgerissen, als sie erst vierzehn war. Zweimal brachte man sie in das Haus ihrer Mutter zurück. Beim dritten Mal, da war sie schon sechzehn und bestand darauf, nicht wieder dahin zu müssen. Sie kam in ein Projekt mit betreutem Wohnen, wo sie mit zwei anderen jungen Mädchen lebte, bis sie achtzehn war.

Dann war sie nach Frankfurt gegangen, hatte hier und da herumgehangen, Leute kennen gelernt und schließlich war sie in einen Kreis geraten, die ihr Leben ernst nahmen. Sie hatte mit ihnen den Schulabschluss bis zum Abitur nachgeholt.

Ein Studium der Sozialwissenschaften brach sie nach drei Semestern ab, bis sie sich schließlich für den Polizeidienst entschied.

Und da war sie dann Stein begegnet. Er war zu ihrem Freund geworden und bis heute geblieben.

Was aus ihrer Mutter, geschweige denn, aus ihrem Vater geworden war, sie hatte nie wieder nach ihnen gefragt.

Sie hörte mehrere Wagen vorfahren und dann Stimmen im Vorgarten, das mussten die Kollegen sein.

Sie machte ihnen auf.

Es wurde praktisch jede Lade aufgezogen und jedes Bild und jeder Deckel hin und her geschoben.

Irgendwann verabschiedete Mona Lu sich von den anderen und bat diese, ihr baldmöglichst einen Bericht über den DNA-Abgleich mit den Spuren im Haus in Horumersiel zu schicken.

Als sie die Tür von Kochs Haus hinter sich zuzog, beschlich sie ein sonderbares Gefühl.

Der Fotograf

Hauke wusste genau, wen er anrufen musste, um herauszufinden, wo die Fotos entwickelt worden waren. Sein alter Kumpel aus Studientagen hatte sich zu einer wahren Koryphäe auf dem Gebiet entwickelt.

»Tja«, antwortete dieser, als Hauke ihn anrief, »heutzutage mit dem ganzen digitalen Quatsch ist das leider nicht mehr so einfach.«

»Echt jetzt? Du meinst, du kannst mir nicht weiterhelfen? Das wäre aber echt superwichtig. Es geht auch um meinen Hals.«

Auf der anderen Seite wurde laut gelacht.

»Wann geht es das mal nicht, du Spaßvogel. Wen hast du denn jetzt schon wieder verärgert?«

»Ach, eine ellenlange Geschichte, Beziehungskram eben. Kennst du nicht.«

Sie lachten jetzt beide.

»Ne, aber im Ernst«, fuhr Hauke dann fort, »es wäre wichtig für meine Freundin, sie ist die leitende Ermittlerin in einem Mordfall, wo diese Bilder eine große Rolle spielen. Jemand hat es darauf angelegt, dass wir uns in die Wolle kriegen und am Ende hat sie mich auch rausgeschmissen.«

»Ach du Schande. Ja, wie gesagt, helfen will ich ja, aber ich kann dir nichts versprechen.«

»Egal. Der gute Wille zählt da schon. Kann ich direkt zu dir kommen?«

»Hm ... tja, der nächste Auftrag beginnt morgen. Also, wenn du wirklich heute noch kommen könntest, dann könnte ich mir die Sachen mal angucken.«

»Du bist der Beste. Ich mache mich gleich auf den Weg.«

Bevor Hauke in den Wagen stieg und Richtung Ibbenbüren fuhr, schickte er noch eine SMS an Mona Lu, dass es spät werden könnte heute Abend, er aber auf einer heißen Spur wäre. Sie solle ruhig alleine mit Adler essen, wenn er noch nicht zurück sei.

Dann waren die Glücksfeen wohl auf seiner Seite. Die Autobahn war relativ frei, es regnete weder noch schneite oder fror es, so dass er richtig Gas geben konnte.

Sein Kumpel wartete bereits auf ihn, als er in Ibbenbüren bei dem kleinen Fachwerkhaus, das auch als Fotolabor diente, eintraf.

»Mensch, dafür lad ich dich mal an die Küste ein«, sagte Hauke und fiel seinem Studienfreund dankbar um den Hals.

»He, du weißt, dass ich zu viel frische Luft nicht abkann.«

»Ich merke es.« Hauke fächerte sich symbolisch Luft zu, weil der Qualm von Zigarren quasi im Raum stand und ihm die Sicht nahm.

»Wir müssen doch alle ein Laster haben«, meinte Benny. »Und da die Frauenwelt einen großen Bogen um mich macht, nutze ich meine Freiheit und mache, was ich will.«

»Hat sicher auch seine Vorteile. Wenigstens gibt es dann keinen Stress.«

»Ne, Stress kenn ich nicht. So, dann zeig mal die Fotos, damit wir weiterkommen.«

Hauke hatte die Bilder von Mona Lu in eine Plastiktüte gesteckt und legte sie jetzt auf den schwarzen Tisch im Labor.

Der Strahler über dem Tisch beschönigte nichts.

»Da hat wohl jemand einen Narren an der flotten Biene gefressen«, meinte Benny und studierte jedes Detail mit einer kleinen Lupe.

»Das ist Mona Lu«, sagte Hauke, »meine Freundin.«

»Oh ... na ja, eine flotte Biene ist sie trotzdem.«

»Stimmt. Sie ist echt heiß. Aber das sage ich natürlich nicht in ihrer Gegenwart«, schmunzelte Hauke. »Dann würde sie mir bestimmt den Hals umdrehen.«

»Frauen werd ich nie verstehen ... da macht man ihnen schon Komplimente. Aber sag mal, du hast die Bilder nicht gemacht, wenn ich es recht verstanden habe.«

»Nein. Aber sie hat sie in meinem Schreibtisch gefunden und dachte, sie seien von mir. Da hat sie mich in hohem Bogen rausgeschmissen, weil sie es für abartig hielt.«

»Kann ich verstehen. Und ich soll jetzt herausfinden, wer sie gemacht hat ... oder sagen wir mal, wo diese Bilder entwickelt worden sind.«

»Ja, das würde mir echt weiterhelfen.«

»Dann wollen wir mal gucken.«

Benny nahm seine Arbeit sehr ernst und schickte Hauke wegen der besseren Konzentrationsfähigkeit bald aus dem Labor.

Es dauerte drei endlose Stunden, in denen Hauke es sich auf dem Sofa gemütlich machte, ein wenig durch die Fernsehprogramme zappte, kurz einnickte, sich einen Kaffee kochte, aus dem Fenster sah und sich vor der Tür die Beine vertrat, bis die Tür zu Bennys Labor endlich wieder aufging.

»Und?« Hauke lief ihm erwartungsvoll im Flur entgegen, als er Geräusche gehört hatte.

»Tja«, sagte Benny, gähnte und kratzte sich am Kopf. »Wenn ich richtig liege, dann sind die Bilder bei einem Onlineanbieter entwickelt worden.«

»Hm ...«, machte Hauke enttäuscht, weil er wusste, dass es dann schier unmöglich sein würde, den Auftraggeber zu ermitteln.

»Aber lass uns erst mal ins Wohnzimmer gehen, damit ich mich mal wieder gemütlich hinsetzen kann«, meinte Benny, dem Haukes Enttäuschung nicht verborgen geblieben war. »Denn einen kleinen Bonus habe ich noch für dich.«

Sie setzten sich auf das durchgesessene Sofa, das durchs Haukes zusätzliches Gewicht noch ein paar Zentimeter tiefer sank.

Hauke hatte für beide einen Whisky eingeschenkt und wartete auf die große Überraschung, die Benny angedeutet hatte.

»Wenn mich nicht alles täuscht«, begann Benny, »dann ist auf mehreren Bildern auch der Fotograf dieser Schweinerei zu sehen.«

Haukes Puls beschleunigte sich augenblicklich.

»Mach keinen Scheiß«, sagte er, »echt jetzt?«

Benny nickte.

»Er ist ein Arschloch und auch noch ein dummes dazu. Er hat wohl nicht bedacht, dass er sich, wenn er deine Freundin von draußen durch die Fenster fotografiert, auch selber mit aufs Bild kommen kann.«

»Scheiße, nein. Das gibt es doch nicht. Er ist auf den Bildern drauf?«

»Jo. Auf mindestens vieren. Also, da kann er sich wohl schwerlich herausreden. Ihr müsst ihn jetzt nur noch finden.«

»Sag bloß, du hast die entsprechenden Ausschnitte auch schon vergrößert?«

»Klar doch.«

Hauke war drauf und dran, ihm einen dicken Kuss auf die Wange zu geben, doch Benny wehrte mit dem Hinweis, dass er sich das Gesabber für die flotte Biene aufheben solle, ab.

»Mensch, das werde ich dir nie vergessen«, sagte Hauke. Er kippte den Whisky in einem Zug runter. »Ich muss jetzt sofort zurück nach Horumersiel. Mona flippt aus vor Freude, wenn ich ihr davon erzähle.«

Sie verabschiedeten sich mit dem Versprechen, dass das nächste Treffen nicht so lange auf sich warten lassen sollte und Hauke stieg in seinen Wagen.

Das leere Haus

Erst, als er sicher sein konnte, dass niemand mehr in das Haus in Westerstede zurückkehren würde, stieg er aus seinem Wagen und ging zum Eingang.

Es war schon eine ganze Weile her gewesen, dass er seinen Vater hier besucht hatte. Vielleicht acht oder neun Jahre. So genau erinnerte er sich nicht mehr. Doch dass es ein unschöner Abschied gewesen war, das hatte er nicht vergessen. Da war er um die fünfundzwanzig gewesen, hatte einen ersten Entzug hinter sich und wusste nicht, wohin.

Dass er überhaupt auf der Straße gelandet war, lastete er seinem Vater nur indirekt an. Er machte es wie alle Jungen, die ihren Erzeuger kaum zu Gesicht bekommen hatten, und hob ihn auf ein Podest, um ihn anzuhimmeln. Eine Person aus ihm zu machen, der er im wahren Leben wohl niemals würde gerecht werden können.

Als Bernhard Koch das erste Mal die Tür geöffnet hatte, erwartete er eigentlich einen seiner Malschüler.

Dann stand er vor ihm und Koch wusste sofort, dass er sein Sohn war. Seine Mutter hatte Koch hin und wieder Fotos geschickt, wenn sie Geld brauchte. Doch Geld hatte Koch selten. Also hörte auch das irgendwann auf. Doch als

Künstler hatte Koch ein Auge für Gesichter. Auch wenn zwischen den letzten Fotos und dem jungen Mann bestimmt über fünfzehn Jahre lagen, so sah er sofort, dass der Junge seine Augen hatte.

Er bat ihn herein und sie redeten lange. Es war, als lägen keine Jahre zwischen ihnen, sondern nur Wochen einer langen Reise, die sie sich nicht gesehen hätten. Sie waren einander ähnlich, das machte es leichter. Koch ersparte ihm auch lange Litaneien zu seinem Entzug, sondern verstand, dass man am Boden sein konnte. Ihm selber sei es ähnlich gegangen, als er jung gewesen sei.

Irgendwann fragte Koch schließlich, warum er zu ihm gekommen sei.

Und Gunnar bat ihn, ihn das Malen zu lehren.

Koch lachte nicht. Er starrte ihn nur an. Dann sagte er zu ihm, wenn er Talent hätte, dann würde man sehen.

Na ja, es hatte für ein paar Versuche gereicht, die man als naive Malerei von einem Hobbykünstler hätte durchgehen lassen können. Doch Gunnar war nicht wie Koch, so sehr er es sich auch wünschte. Es war nicht so, dass Koch ihn angetrieben oder zurechtgewiesen hätte. Er ließ ihn an der Leinwand gewähren.

Am Ende musste auch Gunnar einsehen, dass er seine Begabung bestimmt auf einem anderen Weg finden würde.

Koch bot ihm an, bei ihm im Haus zu leben.

Doch für Gunnar war die Enttäuschung zu groß, wenn sich die anderen jungen Menschen um seinen Vater scharrten, die vor Talent nur so sprühten. Er wollte nicht ihr Lakai sein, der mit einem miesen Job das Geld für die Miete nach Hause brachte. Doch auch das hatte Koch nie von ihm verlangt.

Gunnar ging nach unten in die Werkstatt. Er hatte den Geruch schon damals geliebt. Und bald darauf sah er einen dicken Pinsel, der in einem Eimer mit schwarzer Farbe steckte. Und dann sah er, dass jemand alles zerstört hatte, was Koch am meisten geliebt hatte.

In der Dienststelle

Mona Lu fand auf ihrem Schreibtisch das Phantombild vor, als sie in die Dienststelle zurückkam. Es kam dem jungen Mann, den sie gesehen hatte, schon ziemlich nahe.

Danach ging sie schnurstracks in die Kriminaltechnik.

»He«, sagte der Kollege zur Begrüßung.

»Selber he«, erwiderte Mona Lu. Dann griff sie sich in die Haare, zog einmal kräftig an einer Strähne und hielt ihm ein paar Exemplare, die zwischen ihren Fingern hingen hin.

»Kannst du die bitte mit der DNA des toten alten Mannes vergleichen?«, bat sie und erklärte es nicht weiter.

Der Kollege nickte stumm. Mona Lu war nicht der Typ, der mit so etwas scherzte.

»Ich ruf dich an«, erwiderte er dann.

Mona Lu ging wieder.

Erst, als sie die Anrufe in ihrem Büro checkte, hörte sie, dass man einen gewissen Felix Brandt ausfindig gemacht hatte. Er lebte als Unternehmer in Mainz und war der Sohn von Bernhard Koch. Mona Lu musste es zweimal abhören, bevor sie es wirklich begriff.

Dann suchte sie sich seine Nummer raus und rief an.

In seinem Büro teilte ihr eine freundliche Frauenstimme mit, dass der Herr Brandt zurzeit leider auf Geschäftsreise weile und deshalb nicht erreichbar sei.

Mona Lu versuchte noch, an seine Handynummer zu kommen, weil es wirklich wichtig war. Doch die Dame am anderen Ende blieb hartnäckig. Nicht ohne offiziellen Beschluss, sagte sie knapp und legte auf.

Großstädter, dachte Mona Lu frustriert. Sie meinten, sie könnte sich alles gegenüber Menschen auf dem Lande erlauben.

Sie gab den Namen Felix Brandt in den Polizeicomputer ein. Der Typ schien eine lupenreine Weste zu haben. Im Internet gab es allerhand an Werbung zu seinem Unternehmen. Auf dem einen oder anderen Bild war er auch zu sehen. Doch wenn man so smart in die Kamera lächelte, hatte das in der Regel wenig mit einem Phantombild gemein. Eindeutig hätte sie nicht sagen können, ob er es war, nach dem sie suchte. Aber natürlich war es schon ein wenig merkwürdig, dass er auf Dienstreise war und nicht einmal informiert wurde, wenn man seinen Vater umgebracht hatte.

Es konnte sein, dass sie nicht mehr viel miteinander zu tun hatten. So etwas gab es ja. Sie selbst konnte ein Lied davon singen.

Schließlich schnappte sie sich das Phantombild, um zur Mühle zu fahren. Es war bereits dunkel geworden und die Kollegen, die das Haus in Horumersiel beschatteten, hatten auch keine Auffälligkeiten zu vermelden.

Es roch nach frischen Rüben und Kräutern, als sie die Stufen in den ersten Stock nach oben ging. Ihr Magen hin ihr buchstäblich in den Kniekehlen.

»Oh, da bist du ja endlich«, begrüßte Stein sie und erhob sich vom Sofa und legte ein Buch zur Seite. »Hast du Hauke auch mitgebracht?«

Sie schüttelte mit dem Kopf. »Nein, der ist noch wegen der Fotos unterwegs. Aber wir können ruhig schon essen, hat er gesagt, es könnte spät werden.«

»Na, dann leg erst mal deine Jacke ab und erzähle …«.

Sie legte das Phantombild auf dem Tisch ab und ließ ihren Schal und die Jacke zu Boden gleiten. Während sie von ihrem Besuch in Westerstede erzählte, streifte sie ihre Schuhe, die sich klamm anfühlten ab und stellte sie neben den bollernden Ofen.

»Das ist eine persönliche Sache«, meinte Stein, als sie von den Bildern, die ganz sicher sie selber porträtierten, berichtete.

»Ja, das glaube ich auch.«

»Könnte es dein Vater gewesen sein? Ich meine, Koch?«

Sie hob die Schultern an. »Ich weiß es nicht. Aber ja, sein könnte es schon.«

»Du tust dich noch schwer damit, ich verstehe.«

»Ich habe ein paar Haare von mir zum DNA-Abgleich in die KTU gegeben.«

»Das ist gut.«

Er spürte, dass dieser Fall wirklich ganz besonders an ihren Nerven zehrte. Und dann noch die Sache mit den Fotos. Es kam alles zusammen. Und wenn es eine persönliche Sache war, dann kannte sie vielleicht sogar den Täter.

»Ich werde mal den Tisch decken«, schlug er vor und kramte Teller und Besteck aus dem Schrank.

Mona Lu sah ihm gedankenverloren dabei zu.

»Das alles kann eigentlich gar kein Zufall mehr sein«, sagte sie. »Ich meine, dass Koch bei mir gegenüber eingezogen ist. Und auch die Sache mit dem Brand und dann der Mord. Ich glaube, das alles hat irgendwie mit mir zu tun.«

»Ja, das denke ich auch«, bestätigte Stein. »Ich habe mich heute Nachmittag einmal ein wenig mit dem Haus und seiner Geschichte befasst.«

»Und?«

»Tja, eigentlich nicht viel. Es hat lange einer alteingesessenen Familie gehört, wo einer nach dem andren weggestorben ist. Sie hießen Müller. Und nur die Kinder sind aus Horumersiel rausgekommen. Als die Eltern gestorben waren, kümmerte sich niemand mehr um das Haus. Von der Verwaltung erfuhr ich, dass das Haus von einer Erbengemeinschaft zum Verkauf angeboten worden war. Allerdings zu einem viel zu überhöhten Preis, so dass keiner echtes Interesse hatte. Bis zu einem Tag, als ein Felix Brandt es gekauft hat.«

»Felix Brandt? Aber das ist der Mann, bei dem ich vorhin angerufen habe. Er ist der Sohn von Bernhard Koch gewesen.«

»Tja, dann hat er wohl das Haus für seinen Vater gekauft. So jedenfalls sieht es im Moment aus.«

»Mist. Und ich kann ihn nicht erreichen.«

»Warum nicht. Er hat doch ein Unternehmen.«

»Ja, da habe ich doch auch angerufen. Aber er ist angeblich auf Geschäftsreise und nicht erreichbar. Nicht einmal, als ich sagte, dass sein Vater ermordet worden ist, hat die blöde Schnepfe mir weitergeholfen.«

»Das ist komisch.«

»Finde ich auch.«

Stein stellte den Topf auf den Untersetzer und Mona Lu bediente sich sofort.

»Köstlich, dein Rübeneintopf«, sagte sie, als sie den ersten Happen genommen hatte. »Als Kind habe ich Rüben gehasst, so können sich Dinge ändern.«

»Dinge ändern sich nicht. Sondern nur die Umstände«, meinte Stein und sah ihr dabei zu, wie sie zulangte.

»Du meinst, ich mochte schon immer Rüben? Oder meinst du, ich mag auch jetzt keine Rüben und bilde es mir nur ein.«

»Ich meine, dass die Umgebung, in der du früher Rüben gegessen hast, eine falsche war. Und deshalb schmeckte dir auch das Essen nicht.«

Sie runzelte die Stirn. »Kann sein ... es war in einem Kinderheim.«

»Siehst du.«

Sie wollte noch etwas erwidern, da klingelte ihr Handy.

»Das ist bestimmt Hauke.« Sie zog es aus der Hosentasche. »Eine fremde Nummer. Soll ich?«

Er nickte. »Es könnte wichtig sein.«

Sie drückte die grüne Taste.

»Hallo?«

»Ist da die Polizistin aus Friesland?«, fragte eine Männerstimme.

»Ja, richtig«, entgegnete sie. »Und mit wem spreche ich?«

»Mein Name ist Felix Brandt. Ich habe von meiner Angestellten gehört, dass Sie nach mir suchen.«

Ihr stockte der Atem.

»Herr Brandt? Ja, es ist richtig. Es geht um Ihren Vater.«

»Ja, ich habe schon gehört, dass man ihn ...«, er stockte.

»Wo sind Sie?«

»Ich bin bei dem Haus.«

»Welchem Haus?«

»Dem Haus, das ich für ihn gekauft habe. Ihre Kollegen wollten mir gerade schon Handschellen anlegen.«

»Oh ... ich kläre das. Am besten, ich komme auch dorthin. In zwanzig Minuten bin ich da.«

Sie legte auf. Stein hatte alles mitbekommen, weil sie auf laut gestellt hatte.

»Wenn Hauke kommt, sag ihm, wo ich bin«, sagte sie, während sie wieder in die Schuhe stieg, die jetzt angenehm warm waren.

»Okay, mach ich. Kommst du wieder hierher?«

»Ja, aber es könnte spät werden.«

»Das macht nichts, nachts schlafe ich ja praktisch nie.«

Felix Brandt

Felix Brandt wartete in seinem Wagen, als Mona Lu vorfuhr. Natürlich ein dicker BMW, dachte sie, als er ausstieg und ihr entgegenkam.

Er war groß und schlank, so viel konnte sie in dem Licht der Scheinwerfer erkennen.

Mona Lu ging zu den Kollegen, die das Haus observierten, und gab fürs Erste Entwarnung. Sie hatten Brandt die Wagenschlüssel abgenommen, nur für den Fall. Sie nahm diese an sich, um sie dem Besitzer zurückzugeben.

»Wieso sind Sie hierhergekommen?«, fragte Mona Lu, als sie gemeinsam mit Brandt auf das Haus zuging.

»Warum?«, fragte er zurück. »Na, man hat hier meinen Vater umgebracht, deshalb.«

»Hatten Sie engen Kontakt zu ihm?«

»Na ja, das kann man wohl wirklich nicht behaupten.«

Mittlerweile waren sie im Flur angekommen und Mona Lu machte Licht.

Felix Brandt hatte dunkles Haar. Von der Statur hätte er in das Muster gepasst.

»Aber Sie haben ihm dieses Haus hier gekauft.«

»Das stimmt. Nur weil man seine Eltern nicht ständig sieht, heißt das ja nicht, dass sie einem egal sind.«

»Da haben Sie recht.«

Sie gingen in das Wohnzimmer, wo Koch tot auf dem Sofa gesessen hatte. Es stand noch genauso da.

Mona Lu beobachtete Brandt, als er durch den Raum ging. Das Sofa war nicht das Erste, was er in Augenschein nahm. Eher den alten Schrank und die Anrichte.

»Er hat hier auf dem Sofa gesessen«, sagte sie dann.

Brandt sah sie fragend an.

»Ihr Vater. Man hat ihn erschlagen und dann hier auf das Sofa gesetzt.«

Erst jetzt blieb Brandt vor dem Sofa stehen.

»Das ist eigentlich unvorstellbar«, murmelte er. »Ich weiß nicht, was ich sagen soll …«.

Ob er wusste, dass noch ein weiterer Mensch bei einem Brand ums Leben gekommen war?

»Tja, und dann die andere Leiche, einfach schrecklich.«

»Andere Leiche?« Sein Blick verriet nichts.

»Ach, davon habe ich ja noch gar nichts erzählt«, sagte sie. »Ein paar Tage vorher ist der Schuppen hier beim Haus abgebrannt. Erst später hat man entdeckt, dass dort ein Mensch verbrannt sein muss.«

Er verzog das Gesicht.

»Und wer war das?«

»Das wissen wir nicht. Es war kaum etwas übrig. Man kann nicht einmal sagen, ob es ein Mann oder eine Frau gewesen ist.«

»Grausam. Ich hätte dieses Haus nicht kaufen sollen.«

»Warum haben Sie das Haus überhaupt für Ihren Vater gekauft? Er hatte doch ein schönes in Westerstede.«

»Na ja, auch wenn wir uns nicht oft gesehen haben, manchmal haben wir telefoniert. Und ich hörte immer öfter heraus, dass er von einem alten Haus mitten in der Natur träumte. Dort wollte er seiner Kreativität noch einmal einen ganz anderen Raum geben, genau das hat er gesagt. Und da ich praktisch an der Quelle war, habe ich mich mal umgehört.«

»Und dann ist die Wahl ausgerechnet auf Horumersiel gefallen?«

»Warum nicht? Ich meine, ich kannte diesen Ort bisher nicht. Ich bin eher ein Stadtmensch. Aber für meinen Vater war der Weg für den Umzug nicht zu weit. Im Internet sah das Haus ganz gut aus. Da habe ich es für ihn gekauft.«

»Sehr spendabel, würde ich sagen.«

»Ach, er war doch mein Vater. Ich habe mehr Geld, als ich im Leben jemals werde ausgeben können.«

Mona Lu ging ein paar Schritte durch den Raum zum Fenster. Es war stockdunkel und sie sah eigentlich nur das kleine Licht im Wohnzimmer in ihrem eigenen Haus, das abends über eine Zeitschaltuhr anging.

»Da drüben wohne ich«, sagte sie.

Er kam zu ihr und sah mit nach draußen.

»Wirklich? Das ist ja ein Zufall.«

»Das finde ich auch«, sagte sie und starrte weiter ins Nichts. »Ich habe Ihren Vater zu mir zum Tee eingeladen«, fuhr sie dann fort.

»Ach ja? Wann war das?«

»Einen Tag, bevor man ihn ermordet hat.«

»Sehen Sie da etwa einen Zusammenhang?«

»Welcher sollte das sein?«

»Ich weiß es nicht. Warum haben Sie ihn denn überhaupt eingeladen?«

»Weil man die Sache mit der verkohlten Leiche klären musste und Ihr Vater für ein paar Tage nicht ins Haus konnte.«

»Er hat bei Ihnen auch gewohnt?«

»Nein, das nicht …«.

»Vielleicht ist er doch ins Haus zurückgegangen, obwohl es ihm nicht erlaubt war«, meinte Brandt. »Schließlich hat man ihn hier doch wohl gefunden.«

»Ja, das stimmt. Wahrscheinlich war es so. Sagen Sie mal, haben Sie zufällig einen roten Anorak?«

Er sah sie perplex an. »Wie kommen Sie denn darauf?« Er zeigte auf seinen schwarzen Wollblazer. »Rot hat mir wirklich noch nie gestanden.«

»Ach nur so ... Wären Sie bereit, uns Ihre Fingerabdrücke zur Verfügung zu stellen?«

Er sah auf seine Hände. »Wenn es der Aufklärung dient, natürlich«, willigte er ohne groß zu überlegen ein.

»Dann sollten wir jetzt in die Dienststelle fahren«, schlug Mona Lu vor. »Ich werde Sie in meinem Wagen mitnehmen.«

Hauke auf heißen Kohlen

Hauke hatte seinen Wagen über die Autobahn gescheucht und jetzt war Mona Lu nicht da.

»Hat sie denn nicht gesagt, wann sie wiederkommen wird?«, fragte er Stein bestimmt zum dritten Mal, während er die Rüben in sich hineinschaufelte.

»Nein, hat sie nicht«, lachte Stein. »Aber sie kommt wieder, soviel ist sicher.«

»Das Phantombild ist wirklich gut«, sagte Hauke. »Es müsste schon mit dem Teufel zugehen, wenn man den Typen nicht schnappt.«

»Ja, bestimmt ...«.

Stein hatte ihm noch nichts von der Sache in Westerstede, die für Mona Lu zu einer ganz persönlichen geworden war, erzählt. Das sollte sie lieber selber machen.

Hauke hatte die Fotos, die Benny in zigfacher Vergrößerung von dem, der die Fotos von Mona Lu geschossen hatte, abgezogen hatte, auf den Tisch gelegt.

»Findest du, dass der Typ auf den Fotos Ähnlichkeit mit dem Phantombild hat?«, fragte Hauke jetzt.

»In gewisser Weise bestimmt«, meinte Stein. »Nur leider kann man das Gesicht nicht wirklich erkennen.«

»Ja, das ist blöd. Aber er trägt einen roten Anorak.«

»Das stimmt. Darin liegt die Übereinstimmung mit dem Phantombild. Dein Freund ist wirklich ein Meister seines Fachs, das muss man ihm lassen.«

»Ja, Benny ist echt klasse. Der holt aus jedem Schnipsel noch was raus.«

Endlich um kurz nach zehn kam auch Mona Lu wieder in die Mühle.

Hauke und Stein waren mittlerweile bei einem guten Rotwein angekommen.

»Ich nehm auch einen«, sagte sie und ließ sich aufs Sofa neben Hauke fallen.

Stein schenkte in das dritte Glas ein, das er bereits für sie hingestellt hatte.

»Willst du erst, oder soll ich?«, drängelte Hauke.

»Mach du«, sagte sie matt. Sie schien müde zu sein.

»Okay. Guck mal hier«, er zeigte auf die vergrößerten Ausschnitte der Fotos, die sie bereits kannte.

»Was ist das?«

»Benny, mein Kumpel, du weißt schon ... ich wollte mich ja um die Fotos kümmern. Und Benny hat durch seine ganz besonderen Fähigkeiten den Fotografen auf den Fotos von dir vergrößert.«

»Echt?«

Sie nahm ihr Glas und ein Foto gleichzeitig in die Hände.

Nach einem großen Schluck stellte sie das Glas wieder ab und starrte auf die Aufnahme.

»Das gibt es ja nicht, der trägt einen roten Anorak.«

»Eben«, sagte Hauke und freute sich wie ein kleines Kind, weil er ihr etwas beweisen konnte.

Dann wanderte ihr Blick zu dem Phantombild, das noch immer auf dem Tisch lag.

»Man kann sein Gesicht auf den Fotos nicht erkennen. Sicher ist es nicht, dass es der gleiche Mann ist.«

»Aber das liegt doch auf der Hand«, ließ Hauke nicht locker. »Alleine die blöde Jacke beweist es doch schon.«

»Sicher«, gab sie zu. »Ich sehe es ja genauso wie du. Dann müssen wir ihn wohl nur noch finden.«

Sie erzählte den beiden, was sich bei dem Haus zugetragen hatte. Und auch von den Bildern in dem Haus in Westerstede erzählte sie nun auch Hauke.

»Das ist ja krass. Er hat dich gemalt?«, fragte er verblüfft. »Aber warum?«

Weder Mona Lu noch Stein antwortete auf seine Frage.

»Was hast du mit dem Alten zu tun?«, fragte Hauke jetzt und sah von einem zum anderen. »Er ist doch wohl nicht ...«.

»Das weiß ich noch nicht«, sagte Mona Lu. »Ich lasse es gerade prüfen.«

»Verdammter Mist«, sagte Hauke. »Dann war es vielleicht gar kein Zufall, dass er ausgerechnet in das Haus dir gegenüber eingezogen ist.«

Sie zuckte mit den Schultern.

»Ich weiß es nicht.«

Erst nun wurde Hauke klar, dass er vielleicht Mona Lus Vater aus dem Haus gejagt hatte, als sie ihn dort zum Tee eingeladen hatte.

»Mensch Mona«, begann er, »ich wollte das alles nicht, das musst du mir glauben.«

»Schon gut«, wehrte sie müde ab. »Das haben wir doch hinter uns gelassen.«

»Wann bekommst du denn das Ergebnis?«

»Ich hoffe schnell«, sagte sie.

Und dann erzählte sie den beiden von Felix Brandt, der sich auf die Schnelle ein Zimmer in einem Ferienhaus gemietet hatte. Sie vertraute darauf, dass er nicht abhaute. Warum auch immer.

»Und wenn er verschwindet?«, fragte Hauke dann auch.

»Das glaube ich nicht«, antwortete sie. »Er machte auf mich einen ziemlich gefassten und durchaus seriösen Eindruck.«

»Das sind die Schlimmsten.«

»Ich weiß ...«.

»Was ist eigentlich aus der verkohlten Leiche geworden?«, fragte Stein jetzt dazwischen.

»Da ist man immer noch nicht weitergekommen«, meinte Mona Lu. Und im Grunde graute es ihr vor der Antwort, um wen es sich da gehandelt hatte. War es denn nicht logisch, dass die erste Leiche auch etwas mit Koch zu tun hatte? Und sie hatte ihre Mutter schon seit einer gefühlten Ewigkeit nicht mehr gesehen. Das Letzte, woran sie sich erinnerte, war eine betrunkene Frau, die nach der letzten Flasche Wodka im Haus suchte und ihre kleine Tochter verdächtigte, diese vor ihr versteckt zu haben.

Fahle Erinnerungen

Es war spät in der Nacht und dunkel, als er wieder zu sich kam. Sein Kopf tat weh. Was war hier los?

Er erinnerte sich daran, in den Keller gegangen zu sein. Er hatte die Bilder seines Vaters gesehen, die mit schwarzer Farbe beschmiert worden waren.

Dann hatte er einen harten Schlag auf den Kopf bekommen.

Er rappelte sich vom Boden hoch und zog sich an der Wand in die Senkrechte.

Ob sein Vater mittlerweile zu Hause war. Warum war die Polizei in diesem Haus gewesen?

Er stieg die schmalen Stufen nach oben. Alles war dunkel. Er hörte nicht ein einziges Geräusch, das darauf hindeuten könnte, dass hier jemand im Haus schlief.

Das war merkwürdig. Sicher kam es vor, dass ein Künstler bis weit in die Nacht unterwegs war. Aber dass er gar nicht nach Hause kam? Auch das war möglich. Künstler feierten gerne und tranken Wein. Und vielleicht war er bei einem Freund geblieben, weil er nicht mehr fahren durfte.

Gunnar machte Licht und ging in die Küche. Auf der Spüle standen jede Menge benutzte Kaffeebecher. Waren die Leute von der Polizei aus dem Haus gescheucht worden? Aber warum?

Er ging in das Wohnzimmer, machte auch dort Licht und lief die wenigen Regale entlang. Dann fiel sein Blick auf einen ungeöffneten Brief. Er sah irgendwie wichtig aus. Amtlich.

Gunnar nahm ihn in die Hand und las den Absender der Verwaltung in Friesland. Wieso hatte sein Vater ihn nicht geöffnet?

Er überlegte nicht mehr lange und riss den Brief auf.

Es handelte sich um die Einforderung von Grunderwerbssteuer für ein Haus in Horumersiel. Und als neuer Eigentümer war sein Vater genannt.

Er war also umgezogen?

Gunnar stopfte sich den Brief in die Hosentasche und ging zu seinem Wagen. Er wollte einfach mal sehen, was dahintersteckte. So weit war es nach Horumersiel ja nicht.

Sein Navi führte ihn schließlich den schmalen Sandweg zum Haus hinauf und seine Scheinwerfer zeigten ihm das alte Haus, das wie verlassen dastand. Natürlich, sein Vater hatte sich bestimmt schon schlafen gelegt, wenn er dort war. Vielleicht renovierte er das Haus gerade, um dort endlich einzuziehen. Aber warum hatte er seine Bilder verschmiert? Hatte er? Gunnar konnte sich das nicht wirklich vorstellen. Warum war er eigentlich ohnmächtig geworden? Das fragte er sich schon die ganze Zeit. Mit Drogen hatte er schon lange nichts mehr zu tun und bemühte sich sogar um eine gesunde Ernährung.

Aber irgendwie musste er wohl aus den Latschen gekippt und mit dem Kopf gegen die Wand geschlagen sein. Anders konnte er sich seine vorübergehende Bewusstlosigkeit nicht erklären.

Er stellte den Wagen ab und stieg aus.

Als er auf den Eingang zuging, hörte er plötzlich Schritte hinter sich und grelles Licht flammte auf.

»Halt! Stehenbleiben! Polizei!«

Vor Schreck riss Gunnar seine Arme hoch.

»Ich ergebe mich«, stotterte er und drehte sich langsam um.

Hinter ihm standen zwei Polzisten in Zivil und richteten ihre Waffe auf ihn.

»Ganz langsam die Hände auf den Rücken und wieder umdrehen«, sagte der eine, während der andere schon die Handschellen zog.

»Hören Sie, das muss ein Irrtum sein, ich wollte nur meinen Vater besuchen.«

Sie fackelten aber nicht lange und die Handschellen klackten.

Dann wählte einer der beiden Mona Lus Nummer.

»Es ist uns wieder einer ins Netz gegangen«, sagte er, als sei es schon Routine. »Wir bringen ihn in die Dienststelle.«

Mona Lu hatte dunkle Ringe unter den Augen, als sie in der Dienststelle eintraf. Sie hatte mit Hauke zusammen auf Steins Sofa geschlafen. Bequem war es ja nicht gewesen, aber wichtig.

Jetzt ging sie in Richtung Verhörraum, wo man Gunnar hingebracht hatte.

Bevor sie die Tür öffnete, stoppte sie einer der Kollegen und hielt ihr einen Plastiksack hin.

»Was ist das?«, fragte sie.

»Ein roter Anorak«, entgegnete der Kollege. »Wir haben ihn im Kofferraum des Burschen gefunden.«

Wir haben ihn, dachte Mona Lu. Endlich.

Dann öffnete sie die Tür.

Der junge hagere Mann am Tisch blinzelte ihr über den Tisch hinweg zu. Das Licht im Verhörraum war erbarmungslos und Mona Lu musste sich erst daran gewöhnen, bevor sie ihn deutlich sah.

»Mona Lu?«, fragte er ungläubig, »bist du es wirklich?«

Sie kannte ihn nicht. Was sollte das? Wieso sprach er sie mit ihrem Vornamen an?

»Hören Sie«, fuhr sie ihn barsch an, »ich weiß nicht, was Sie hier für eine Nummer abziehen wollen. Aber wir haben Beweise, die Sie als Mörder von Bernhard Koch überführen werden.«

Er stockte. Dann meinte sie zu hören, wie er zu schluchzen begann.

»Mörder?«, fragte er mit unsicherer Stimme. »Willst du damit sagen, dass er tot ist?«

»Hören Sie endlich auf, mich zu duzen«, warnte Mona Lu.

Er sah sie aus traurigen Augen an. Diese Augen waren ihren nicht unähnlich, dachte sie. Nein, das konnte nicht sein.

»Gunnar?«, fragte sie dann.

Er nickte.

»Du erkennst mich also auch.«

»Ich verstehe das nicht. Was machst du hier? Was wolltest du in Kochs Haus?«

»Das fragst du noch? Ich wollte meinen Vater besuchen, was sonst.«

Damit wäre dann wohl auch die Frage des DNA-Tests geklärt, dachte Mona Lu matt. Sie war einer Ohnmacht nahe.

»Aber doch nicht mitten in der Nacht«, flüsterte sie.

Er sah sie nur flehend an.

»Wir haben den roten Anorak in deinem Kofferraum gefunden.«

»Ich verstehe nicht, was für einen Anorak?«

»Den von Koch«, erklärte sie. »Der Mörder hat ihn an sich genommen und noch so manche andere Schweinerei damit angestellt.«

»Hör mal«, sagte Gunnar, »ich wusste bis eben nicht, was hier eigentlich los ist. Und ich wusste auch nicht, dass unser Vater ermordet worden ist. Das musst du mir glauben.«

»Ach, muss ich das? Wir kennen uns doch gar nicht.«

»Ich bin dein Bruder.«

»Das bedeutet gar nichts. Wir haben doch gar nichts miteinander zu tun, außer dass wir die gleichen Eltern haben. Wie lange ist es her, dass wir uns gesehen haben? Na, erinnerst du dich?«

Er zog die Stirn kraus. »Fast dreißig Jahre.«

»Eben. Und da willst du mir erzählen, dass ich dir vertrauen soll. Lachhaft.«

»Okay, du hast recht, das gebe ich ja zu. Ich habe dein Vertrauen nicht verdient. Aber ich habe Bernhard geliebt, ich konnte ihm nur nicht gerecht werden.«

»Was soll der Scheiß denn jetzt wieder?«

»Ach, das ist eine lange Geschichte. Ich wollte ein Künstler sein, so wie er, doch mein Talent hat einfach nicht gereicht, obwohl er mir immer wieder Mut gemacht hat.«

»Du hast bei ihm gelebt?«

»Nur eine kurze Zeit ... in seinem Haus in Westerstede.«

»Du kennst das Haus? Aber woher wusstest du von dem Haus hier in Horumersiel?«

»Ich habe einen Brief gefunden.« Er zog das zerknitterte Schreiben aus seiner Hosentasche.

Mona Lu las es. Es konnte stimmen, was Gunnar hier erzählte.

»Aber was wolltest du denn mitten in der Nacht hier? Kannst du mir das erklären?«

»Ganz einfach, ich habe Bernhard in Westerstede gesucht. Doch das Haus war von der Polizei durchsucht worden. Ich habe so lange gewartet, bis die Bullen ... ähm, ich meine, bis die Polizei weg war. Dann bin ich rein.«

»Verstehe. Einbruch also auch noch.«

»Quatsch, Bernhard hatte immer ein offenes Haus. Der Schlüssel lag immer unter einem großen Blumenkübel. Ganz klassisch und die meisten wussten es.«

»Aber da war er nicht ...«.

»Nein, da war er nicht. Ich war im Keller in der Werkstatt und da bin ich dann ohnmächtig geworden.«

Er schilderte ihr, wie er nach einer ganzen Weile wieder zu sich gekommen war, das Schreiben fand und sich auf den Weg nach Horumersiel gemacht hatte.

»Und noch eine Sache war komisch«, schloss er, »die Gemälde in dem Keller, ich meine die von Bernhard, sie waren mit schwarzer Farbe verunstaltet worden. Vielleicht ist unser Vater ja durchgedreht.«

»Moment, was sagst du da? Verunstaltet?«

»Ja, übermalt mit schwarzer Farbe. Die kann man so in die Tonne kloppen.«

»Aber das war nicht Koch«, sagte Mona Lu. »Als ich mir die Bilder heute Vormittag angesehen habe, da waren sie noch nicht beschmiert.«

»Das ist merkwürdig.«

»Bist du sicher, dass du ohnmächtig geworden bist? Es könnte doch auch sein, dass dir jemand einen Schlag auf den Kopf versetzt hat?«

Gunnar machte große Augen.

»Wenn das stimmt, dann war das bestimmt der Mörder. Und er hat mir dann auch die blöde Jacke, die für dich so wichtig zu sein scheint, in den Wagen gelegt.«

Mona Lu nickte. Er hatte es verdammt gut zusammengefasst.

»Ich denke, ich weiß jetzt, wen ich mir vorknöpfen muss«, sagte sie und lächelte Gunnar noch einmal zu. »Ich komme so schnell wie möglich zurück«, sagte sie. »aber du musst noch ein bisschen hier aushalten, tut mir leid.«

»Geht schon klar«, sagte Gunnar. »Ich warte hier auf dich, weglaufen kann ich ja nicht.«

Aufgewacht

Von dem wilden Klopfen gegen seine Tür wurde Felix Brandt aus dem Schlaf geholt. Er hatte geträumt und die Geräusche zunächst in seine Phantasien eingebaut. Dann hatte er die Augen aufgeschlagen und erkannt, dass der Lärm real war.

Schnell stieg er in seine Jogginghose und sein Sweatshirt und rannte zur Tür.

»Sie?«, sagte er, als er Mona Lu erkannte.

»Herr Brandt, Sie sind wegen des dringenden Verdachts der Ermordung von Bernhard Koch festgenommen.«

»Was? Ich verstehe nicht. Wissen Sie, wie spät es ist?«

»Vier Uhr und siebenunddreißig Minuten«, sagte Mona Lu und sah auf ihre Uhr. »Kommen Sie freiwillig mit, oder muss ich meine Kollegen bitten, Ihnen Handschellen anzulegen.«

»Okay okay, ich komme mit. Darf ich mir noch etwas anderes anziehen?«

Mona Lu nickte und ein Beamter ging mit Brandt ins Schlafzimmer.

Bald darauf saß Brandt auf dem gleichen Stuhl, auf dem Gunnar vor nicht allzu langer Zeit gesessen hatte.

Mona Lu hatte sich einen großen Becher Kaffee besorgt und auch für Brandt einen mitgebracht.

»Können Sie mir jetzt bitte endlich sagen, was das ganze Theater hier soll?«, sagte Brandt, nahm den Kaffeebecher und trank einen großen Schluck.

»Ich sagte es ja bereits, Sie werden des Mordes an Bernhard Koch verdächtigt«, wiederholte Mona Lu.

»Ach ja? Und warum hätte ich ihn umbringen sollen? Und wo sind die Beweise?«

»Das Warum können wohl nur Sie beantworten«, sagte Mona Lu. »Und die Beweise werden sicher bald vorliegen. Wir untersuchen gerade den roten Anorak nach Ihren DNA-Spuren.«

»Was um Gottes willen ist das denn für eine Jacke? Ich verstehe nur noch Bahnhof.«

»Diese Jacke gehörte Bernhard Koch. Der Mörder hat sie an sich genommen, um die Spuren in eine andere Richtung zu weisen. Sie wurde in den Kofferraum eines anderen Mannes gelegt, um den Verdacht auf ihn zu lenken.«

»Aha. So arbeitet die Polizei also heutzutage. Es geht nicht mehr um handfeste Beweise, sondern irgendwelche Klamotten, die von A nach B gelegt werden.« Fast hätte er gelacht.

»So einfach ist die Sache nicht«, fuhr Mona Lu unbeirrt fort. »Denn ich habe gesehen, wie jemand genau diese Jacke an dem Tag vor dem Brand in dem Haus getragen hat. Und dabei handelte es sich nicht um Ihren Vater.«

»Und woher wissen Sie das?«

»Weil dieser besagte Mann wesentlich jünger war.«

»Ach, und deshalb muss ich es also gewesen sein?«

»Natürlich nicht. Aber Sie könnten es gewesen sein. Das alleine reicht, um Sie mindestens vierundzwanzig Stunden hier festzuhalten und die nötigen Beweise zu beschaffen.«

»Na, dann viel Spaß. Denn ich war das nicht. Kann ich mich jetzt vielleicht irgendwo hinlegen und schlafen, bis Sie mich wieder freilassen müssen?«

Er schien sich seiner Sache ziemlich sicher, dachte Mona Lu. Aber das konnte auch professionelle Geschäftstaktik sein. Man musste nur authentisch genug rüberkommen, dann konnte man seinem Gegenüber doch alles verkaufen.

Es wurde an die Tür geklopft und ein Kollege steckte seinen Kopf herein. Er machte Mona Lu ein Zeichen, dass er sie kurz sprechen müsste.

Sie nickte und ging nach draußen.

»Ich wollte dir nur sagen, dass die DNA-Proben von Koch und dir, nun ja, sie stimmen überein.«

Etwas anzunehmen, war das eine. Aber dann Gewissheit zu bekommen, etwas ganz anderes. Mona Lu wurden die Knie weich.

»Dann war er also tatsächlich mein Vater«, flüsterte sie.

»Ja, davon kann man wohl ausgehen. Und da ist noch etwas ...«.

Der Kollege machte eine Sprechpause, damit sie sich sammeln konnte.

»Noch etwas?«

»Ja. Wir haben auch gleich einen Test mit den Überresten der verkohlten Leiche aus dem Schuppen gemacht ...«.

Sie sah ihn ungläubig an.

»Ja, ich weiß, wir hatten dafür von dir kein grünes Licht, aber ... nun ja, wenn man schon mal dabei ist.«

Sie hatte ja selber schon mit dem Gedanken gespielt, dass diese Person aus dem Schuppen auch in irgendeiner Weise etwas mit Koch zu tun haben musste.

»Schon okay«, sagte sie. »Was ist dabei herausgekommen?«

»Sie stimmte auch überein.«

Das war allerdings ein Schock.

»Du meinst, sie stimmte mit Koch überein?«

Er schüttelte den Kopf.

»Doch nicht etwa auch mit mir?«

Er nickte.

Jetzt musste sie sich tatsächlich an der Wand abstützen. Sie verbarg ihr Gesicht in den Händen.

»Das kann doch nicht sein. Aber wer ist es?«

»Es muss eine Frau gewesen sein. Soweit sind wir jetzt auch.«

Eine Frau, schoss es durch ihren Kopf. Ihre Mutter? Ihr wurde es übel und schwindelig in einem.

»Da hat es jemand auf dich abgesehen, Mona Lu«, sagte der Kollege. »Du solltest verdammt vorsichtig sein.«

Sie atmete tief durch.

»Ich weiß«, sagte sie. »Ich danke dir. Ihr habt eure Sache gut gemacht.«

Sie musste jetzt wieder da rein. Koste es, was es wolle, dachte sie und machte die Tür auf.

»Und? Was ist jetzt?«, fragte Brandt leicht gereizt. »Vielleicht könnte ich auch etwas zu essen bekommen. Ich bin nämlich ein Frühaufsteher, weil ich viel zu tun habe.«

»Was ist mit Ihrer Mutter?«, fragte Mona Lu, ohne auf seine Bedürfnisse einzugehen.

»Meiner Mutter? Was soll damit sein?«

»Erzählen Sie mir von ihr.«

»Sie scheinen ja wirklich verdammt viel Langeweile zu haben, wenn Sie meine ganze Familiengeschichte hören wollen.«

»Also ...«.

»Meine Mutter ist eine bekannte Möbeldesignerin. Sicher haben Sie schon von ihr gehört. Na ja, jedenfalls, wenn sie Wert auf Qualität legen. Von ihr sind die Esszimmerstühle mit fünf Beinen. Sie hat dafür einen Designerpreis bekommen.«

Mona Lu sah automatisch an ihrem Stuhl herunter und fragte sich, wo da noch Platz für ein fünftes Bein sollte.

»Nein, davon habe ich noch nicht gehört«, sagte sie matt. »Wann haben Sie Ihre Mutter das letzte Mal gesehen oder gesprochen?«

»Gestern habe ich mit ihr telefoniert, wieso?«

Mona Lu fiel ein Stein vom Herzen. Wenigstens war der Mörder Ihres Vaters nur ihr Halbbruder. Alles andere hätte sie wirklich umgebracht.

»Und es ging ihr gut?«

»Ja verdammt. Was sollen diese blöden Fragen?«

»Hören Sie«, fuhr sie mit gedämpfter Stimme fort, »das, was ich Ihnen jetzt sage, kommt Ihnen bestimmt komisch vor ...«.

Er lachte auf.

»Aber es ist so, dass wir mehr gemeinsam haben, als Sie ahnen.«

Jetzt wurde er doch hellhörig und sah sie fragend an.

»Bernhard Koch, er ... er war auch mein Vater.«

Brandt starrte sie an.

»Was reden Sie da?«, fragte er stockend. »Wieso war mein Vater auch Ihr Vater?«

»Es ist nachgewiesen worden durch einen DNA-Test«, sagte sie. »Und glauben Sie mir, leicht fällt mir das Ganze hier nicht.«

»Aber dann sind wir ja, also, Sie und ich, wir sind ...«. Er brachte es nicht über die Lippen.

»Ja, so ist es wohl, wir sind ...«. Auch ihr gelang es nicht.

»Aber wir haben nicht die gleiche Mutter«, protestierte er.

»Nein, so sieht es aus. Meine Kollegen haben festgestellt, dass die Leiche, die bei dem Brand bis zur Unkenntlichkeit zerstört worden ist, meine Mutter war.«

»Mein Gott ... das tut mir leid«, sagte er.

»Und mir tut es leid, dass Ihr Vater tot.«

»Und mir tut es leid, dass es auch Ihr Vater war.«

Was redeten sie da eigentlich? Mona Lu schwirrte der Kopf.

»Nachdem wir das geklärt haben, muss ich Sie fragen, ob Sie meine Mutter ... haben Sie meine Mutter gekannt?«

»Nein, um Gottes willen nein. Woher sollte ich Ihre Mutter kennen? Ich weiß, dass mein Vater in jüngeren Jahren ein verdammter Hallodri war, das hat meine Mutter mir immer wieder erzählt. Bestimmt hat er mehr Kinder in die Welt gesetzt, als wir an zwei Händen abzählen können. Aber deshalb muss ich ja nicht über alle meine sogenannten Geschwister und sonstige Frauen Bescheid wissen.«

Was er sagte, klang plausibel. Und er sagte es auch ohne jeglichen Groll. Es gab Männer, die die Finger nicht von Frauen lassen konnten. Und einem Künstler machten es die Frauen sicher leicht, weil sie sich ein spannendes und aufregendes Leben erhofften, wenn es ihnen gelang, ihn an die Kette zu legen. Und sei es mit Hilfe eines Kindes.

»Was wissen Sie über Gunnar?«, fragte sie jetzt.

»Welchen Gunnar?«, fragte Brandt prompt zurück.

»Meinen Bruder«, sagte Mona Lu. »Wir haben die gleichen Eltern ... aber meine Mutter hat getrunken, zu unserem Vater muss ich Ihnen ja nichts sagen, wir haben ihn kaum gekannt und meine Mutter, nun ja, auf jeden Fall sind wir schon sehr früh flügge geworden und haben uns aus den Augen verloren.«

»Das tut mir wirklich leid für Sie«, sagte er aufrichtig. »Aber ich kennen Ihren Bruder wirklich nicht«, beteuerte er. »Ich wusste ja bis eben nicht einmal, dass ich eine so attraktive Halbschwester habe.«

Er lächelte. Und sie konnte sich ein Schmunzeln auch nicht verkneifen.

Es fühlte sich nicht an, als ob sie hier einem überaus kaltblütigen Mörder gegenübersaß. Und meistens konnte sie sich auf ihr Gefühl verlassen.

Tja meistens, ging es ihr durch den Kopf. Und dann wusste sie plötzlich, dass sie sich hier ganz umsonst die Nacht um die Ohren schlug.

»Sie können in Ihre Zelle«, sagte sie zu Brandt. »Es wird sicher nicht mehr lange dauern, bis wir die Ergebnisse zu der Jacke haben, das verspreche ich Ihnen.«

»Wir könnten uns auch duzen, oder?«, meinte er. »Jetzt, da wir praktisch Verwandte sind.«

»Vielleicht bald«, sagte sie und verließ den Verhörraum.

Überführt

Bis es hell wurde saß Mona Lu an ihrem Schreibtisch und starrte vor sich hin. Sie war kein bisschen müde. Sie wollte nicht nach Hause. Sie wollte nicht mit Hauke sprechen, der ständig auf ihrem Handy anrief.

Sie wollte nur noch alleine sein, bis alles vorbei war.

Beamte waren zu dem Haus in Westerstede gefahren, um die Angaben von Gunnar zu überprüfen.

Es stimmte. In dem Kellerraum hatte jemand mit schwarzer Farbe gewütet. Und Spuren davon ließen sich auf der Kleidung von Gunnar zuhauf nachweisen. Bestimmt würde er auch dafür eine Erklärung finden, dachte Mona Lu. Schließlich war er auf dem Boden gelandet, als er angeblich in Ohnmacht gefallen war. Er würde ihr eine Lüge nach der anderen auftischen.

Doch wie sollte sie es anstellen, ihn zu einem Geständnis zu bewegen? Das war es, womit sie sich seit Stunden quälte. Wie sollte sie ihn überführen?

Schließlich rief sie doch bei Hauke zurück, der noch immer in der Mühle war und sofort abnahm.

»Du musst mir sofort alle Fotos herbringen«, bat sie ihn. »Ich meine die Vergrößerungen, die Benny gemacht hatte.«

»Schon klar. Bin gleich da«, sagte er, froh darüber, endlich etwas von ihr zu hören.

Dann druckte Mona Lu die Bilder aus, die sie von den Gemälden in Kochs Haus in Westerstede gemacht hatte. Wenigstens die waren ihr jetzt noch geblieben, wo der Täter die Originale zerstört hatte, dachte sie traurig.

Kurz darauf schneite Hauke in ihr Büro.
»Mensch Mona, ich hab mir schon Sorgen gemacht, weil du nicht ans Telefon gegangen bist«, sagte er atemlos und übergab ihr die gewünschten Fotos.
»Jetzt nicht«, wehrte sie ab. »Fahr wieder zu Adler in die Mühle. Ich komme bald nach und erkläre euch dann alles.«
Er spürte, dass sie völlig in Gedanken war, und folgte ihrem Wunsch. Bevor er ging, nahm er sie noch einmal kurz in den Arm. Sie ließ es geschehen.

Dann hatte sie alles, was sie brauchte. Mit einem Arm voller Beweise ging sie schließlich in den Verhörraum, in den sie Gunnar vor einer halben Stunde hatte bringen lassen.

Sie legte alles vor ihm auf den Tisch, allerdings konnte er da noch nicht sehen, worum es ging, da sie eine grüne Mappe darum getan hatte.

»Mona Lu, du siehst aus, als hättest du gar nicht geschlafen«, begrüßte Gunnar sie.

»Habe ich auch nicht«, antwortete sie ehrlich. »Ich will erst den Mord an unseren Eltern aufklären.«

Er stutzte. Es zuckte um seine Mundwinkel, aber er sagte nichts.

»Ja, du hast richtig gehört. Es gab noch eine Leiche bei dem Haus. Der Schuppen, er ist in der Nacht meines Geburtstages abgebrannt. In den Ascheresten hat man auch menschliche Überreste gefunden.«

»Und du glaubst, es war Mama?«

So hatte Mona Lu sie nur in den ersten Jahren genannt. Später, als sie älter wurde, war es für sie nur noch die Schnapsdrossel.

»Es ist sicher, dass es unsere Mutter war«, wiederholte Mona Lu jetzt.

»Mein Gott ...«, entfuhr es Gunnar. »Dann sind wir jetzt Vollwaisen.«

»Wir sind erwachsene Menschen Gunnar, da zählt sowas nicht mehr.«

»Wenn du meinst ... aber wer um Himmels willen tut so etwas?«

»Tja, das habe ich mich auch lange gefragt ...«.

Mona Lu griff wie zufällig nach dem grünen Aktendeckel und klappte ihn auf. Und das oberste Foto, das sie in ihrem gemütlichen Wohnzimmer zeigte, wie sie auf dem Sofa saß und an einem Weinglas nippte, verfehlte seine Wirkung nicht. Wie gebannt starrte Gunnar darauf.

»Oh, das sollte gar nicht dabei sein«, sagte Mona Lu gespielt und schob es ganz nach unten.

Ganz oben lag jetzt das Foto des Gemäldes von ihr, das Koch in seiner Werkstatt gemalt hatte.

Gunnar machte große Augen.

»Ein schönes Bild, nicht wahr?«, fragte Mona Lu. »Papa hat mich gemalt, als ich ein kleines Mädchen war.«

Gunnar schluckte.

»Ja, es ist wirklich schön ...«.

»Vielleicht werde ich es mir in mein Wohnzimmer hängen. So als Andenken, was meinst du?«

Er sah sie lauernd an.

»Aber das geht doch gar nicht mehr«, sagte er misstrauisch. »Das Bild ist doch zerstört.«

»Oh, das meinst du. Richtig, da hat ja jemand mit schwarzer Farbe gewütet. Aber dieses Bild hier, das ist verschont geblieben. Ich lasse es gerade von den Kollegen abholen und zu mir nach Hause bringen.«

»Quatsch. Ich habe alle Bilder zerstört. Da gibt es keines mehr von dir!«, rief er jetzt wütend aus.

Im nächsten Moment wurde ihm klar, was er da gesagt hatte.

Sie sahen sich schweigend an.

»Du warst es, habe ich recht?«, fragte Mona Lu jetzt mit leiser Stimme. »Du hast die Bilder zerstört, weil ich darauf war.«

Sie breitete jetzt alle Fotos der Gemälde aus.

»Hast du mich so gehasst?«, fragte sie. »Hast du mich gehasst, weil er mich und nicht dich gemalt hat? War es das?«

»Was redest du da?«, fragte Gunnar und wehrte sich dagegen, die Bilder anzusehen. Doch er konnte seinen Blick nicht davon abwenden.

Dann zog Mona Lu wieder die Fotos hervor, die der Fremde von ihr gemacht hatte.

»Und du hast auch diese Fotos gemacht, habe ich recht?«

Sie reihte jetzt alle nebeneinander auf und legte sie über die Fotos der Gemälde.

»Hier sitze ich auf meinem Sofa, da stehe ich in der Küche und sehe aus dem Fenster und da bin ich im Bad …«. Es fiel ihr nicht leicht, auch das Bild dort auszubreiten.

»Ich kenne diese Fotos nicht«, sagte Gunnar tonlos. »Ich weiß nicht, wer die gemacht hat.«

»Oh, aber ich bin mir ziemlich sicher, dass du es warst«, fuhr Mona Lu fort. Dann zog sie auch noch die Vergrößerungen, die Benny gemacht hatte, aus dem grünen Aktendeckel und legte sie zu den anderen Fotos.

»Siehst du?«, fragte sie und zeigte auf die schemenhafte Figur in dem roten Anorak, die sich im Fensterglas spiegelte. »Das bist du. Es war gar nicht so leicht, diese Vergrößerungen herzustellen. Aber daran hast du wohl nicht gedacht, als du um mein Haus geschlichen bist.«

Gunnar starrte auf die Aufnahmen. Sein Atem hatte sich beschleunigt. Aber er sagte nichts.

»Gunnar, hilf mir, es zu verstehen«, bat Mona Lu. »Ich habe dir doch nie etwas getan. Es war nicht meine Schuld, dass Bernhard mich gemalt hat und nicht dich. Wolltest du es mir heimzahlen, indem du unsere Eltern vor meinen Augen umbringst? Sollte ich leiden, wenn ich erfahre, dass es meine Mutter war, die du dort in Brand gesteckt hast? Und dass du meinen Vater erschlagen und tot auf das Sofa gesetzt hast direkt vor meinen Augen. War es das, was du wolltest? Sollte ich so sehr leiden, dass du auch diese Fotos von mir meinem Freund untergeschoben hast, damit wir uns trennen. Sag mal, wie sehr hasst du mich eigentlich?!«, schrie sie jetzt.

Sie war aufgestanden und lehnte sich jetzt mit beiden Händen auf den Tisch und starrte Gunnar an. Ihren Bruder. Den Mörder ihrer Eltern.

»Aber Mona Lu«, sagte er jetzt, »du hast es missverstanden. Ich hasse doch nicht dich.«

»Ach nein ... und was ist das?«

Sie wischte mit der einen Hand über die Bilder auf dem Tisch.

»Ich habe dich immer geliebt, Mona Lu«, fuhr Gunnar fort.

Seine Stimme klang gefasst. Endlich habe ich ihn, dachte sie und setzte sich wieder.

»Alles, was ich wollte, war, dass du glücklich bist, Schwesterlein«, er lächelte sie jetzt an. »Ich habe unsere Eltern gehasst«, sein Blick wurde hart. »Und alles, was ich getan habe, habe ich nur für dich getan. Ich wusste doch, wie sehr du als kleines Mädchen unter der alten Schnapsdrossel gelitten hast.« Er spie die Worte jetzt regelrecht aus. »Und als ihr knochiger Körper in dem Schuppen Feuer fing, da stand die Alte in Sekundenbruchteilen in Flammen, weil sie bis zum Hals voller Schnaps war. Sie hat es verdient, zu sterben.«

Mona Lu sah ihn fassungslos an. Sie wusste jetzt, warum sie sich bisher von ihrer Familie ferngehalten hatte. Doch sie waren ihr gefolgt.

»Das ist doch jetzt nicht dein Ernst«, sagte sie. »Du glaubst, du hast mir damit einen Gefallen getan, indem du meine Eltern in dem Haus mir gegenüber umbringst?« Er musste ja völlig verrückt sein.

»Aber freust du dich denn jetzt nicht?«, fragte er wie ein kleines Kind, das spürte, dass das Bild, das es für seine Mutter gemalt hat, nicht ganz ihren Erwartungen entspricht.

»Nein, natürlich freue ich mich nicht. Gunnar, was ist denn los mit dir?«

Was mit Gunnar los war, erfuhr Mona Lu in den nächsten Stunden. Sein Leben war gezeichnet von Drogen, Aufenthalten in psychiatrischen Einrichtungen und Menschen, die es nicht gut mit ihm meinten. Er hatte nie im Leben Fuß gefasst. Anders als sie. Und am Ende glaubte sie ihm sogar, dass er sie liebte. Nur hatte er nie gelernt, wie man Liebe ausdrückt.

Und so war er schließlich, nachdem er sie und Hauke eine Weile beobachtet hatte in ihrem Haus, zu dem Schluss gekommen, dass Hauke ihr nicht gut tat. Auch er musste weg. Deshalb hatte er die Fotos gemacht. Sterben musste

Hauke nicht gleich, hatte Gunnar gesagt, so schlimm war er als Mann nun auch wieder nicht, soweit er aus seinen Beobachtungen hatte schließen können.

Und das Bild im Bad, das hatte keinen voyeuristischen Hintergrund. Er hatte es gemacht, weil er sie liebte. Und schließlich war sie doch seine Schwester. Sie hatten doch auch als kleine Kinder zusammen in der Badewanne gesessen. So schlimm war das doch alles nicht.

Völlig erledigt

Mona Lu hatte weiche Knie, als sie aus dem Verhörraum kam und einen Kollegen anwies, Gunnar in die Haftanstalt zu überführen und Felix Brandt freizulassen.

Dann ging sie in ihr Büro, um ein wenig aufzuräumen. Sowas machte sie sonst nie. Und als sie die ersten Stapel hin und her gelegt hatte, da fuhr sie plötzlich aus heiterem Himmel mit beiden Händen über den Schreibtisch und fegte alles auf den Boden. Dann brach sie zusammen, legte ihren Kopf auf ihre Hände und weinte bitterlich.

Ein Kollege, der ihr das negative Ergebnis der Untersuchung der DNA von Felix Brandt und dem roten Anorak überbringen wollte, fand sie schließlich apathisch an ihrem Schreibtisch sitzend.
Als er ihr ein Glas Wasser geholt hatte, sah sie ihn wie durch einen Schleier an.
»Nein, ich brauche niemanden«, sagte sie, und lehnte dankend einen von ihm angebotenen Anruf bei einem Arzt oder Hauke ab. »Ich komme zurecht. Das mit der Jacke hat sich jetzt ja erledigt. Aber danke trotzdem für die schnelle Arbeit.«

»Kein Ding«, sagte der Kollege. Er blieb noch einen Moment bei ihr und ließ sie dann wieder allein.

Hauke hatte schon wieder tausend Mal angerufen, sah sie auf ihrem Handy. Er hatte einfach keine Geduld, dachte sie und lächelte das erste Mal wieder.
Dann griff sie nach ihrer Jacke und machte sich auf den Weg zur Mühle.

Keiner der beiden Männer sagte etwas, als sie in den warmen Raum gekommen war. Sie sahen sie nur an. Selbst Hauke hielt sich zurück.
Sie nickte. »Es ist alles vorbei«, sagte sie leise. Dann musste sie wieder weinen.
Mit Tee und Biobrot mit Honig päppelten Stein und Hauke Mona Lu wieder auf, bis sie in der Lage war, ihnen alles zu erzählen.
Selbst Stein wusste im ersten Moment nichts dazu zu sagen. Der eigene Bruder, der praktisch die ganze Familie auslöscht, um der Schwester einen Gefallen zu tun.
»Wie lange hattest du ihn denn nicht gesehen«, fragte er, als Mona Lu wieder gefestigt genug für Fragen schien.
»Lange ... wahrscheinlich viel zu lange. Wir waren noch kleine Kinder. Vielleicht hätte ich eher mal nach ihm suchen sollen. Dann wäre das alles nicht passiert.«

»Das weiß man nie«, meinte Stein, »und du bist nicht für das verantwortlich, was er getan hat.«

»Aber er ist doch mein Bruder.«

»Auch dann nicht, Mona Lu, auch dann muss er sein Leben irgendwann selber in die Hand nehmen.«

»Bestimmt hast du recht«, gab sie zu. Doch es würde lange dauern, bis diese Erkenntnis auch in ihrem Herzen Platz gefunden hatte.

»Ob er gewusst hat, dass ich seine Tochter bin?«, fragte sie und beide wussten, wen sie meinte.

»Da bin ich mir ziemlich sicher«, meinte Stein. »So, wie er dich gemalt hat, so malt man niemanden, der einem nichts bedeutet. Er wird dich erkannt haben, als du zu dem Haus gekommen bist.«

»Meinst du wirklich?«

»Doch. Und er hat dich geliebt. Und frage mich jetzt bitte nicht, warum er nie versucht hat, Kontakt zu dir aufzunehmen, solche Dinge kann nie wirklich jemand beantworten. Das Leben hat uns manchmal an langen Fäden und zieht mal hier und mal dort. Auf die wenigsten Dinge haben wir eigentlich selber Einfluss.«

»Das hört sich tröstlich an ...«.

»Es ist die Wahrheit. Und er hat immer an dich gedacht. Und am Ende hat er auch wieder zu dir gefunden. Vergiss das nicht. Du wirst ihn so in Erinnerung behalten.«

Sie schluchzte. Dann sah sie Hauke an.

»Es tut mir leid, was ich alles zu dir gesagt habe.«

»Ach was«, sagte er und war froh, dass er auch noch eine Rolle spielte in diesem Kammerstück. »Ich bin hart im Nehmen.«

Sie mussten alle lachen. Hauke war einer, der sie erdete.

Als Stein später etwas zu essen gemacht hatte, wurde die Stimmung gelöster. Draußen auf der Galerie legte die Sonne ihre wärmenden Strahlen um den Mühlenkopf und zauberte goldenes Licht in den Raum.

Mona Lus Handy klingelte einmal und sie sah, dass es Felix Brandt war, der versuchte, sie zu erreichen. Sie drückte den Anruf weg. Sie wollte jetzt nicht mit ihm sprechen. Er war ein Sohn von Koch gewesen, ihrem Vater. Aber mehr auch nicht. Sie hatte kein Bedürfnis mit ihm zu sprechen. Nicht jetzt. Vielleicht irgendwann einmal. Doch wie hatte Stein so schön gesagt, das Leben zog einen an langen Fäden durchs Leben. Und es war nicht ihre Schuld, dass ein Faden von Brandt einen der ihren kurz berührt hatte.

ENDE

Zur Autorin

Moa Graven: »Ich habe erst mit fünfzig meine Leidenschaft für das subtile Verbrechen entdeckt.«

Als gebürtige Ostfriesin kam Moa Graven durch Umwege über den Journalismus selber zum Krimi-Schreiben. Das war im Jahr 2013, als sie ihren ersten Krimi »Mörderischer Kaufrausch« mit Ermittler Jochen Guntram als Fortsetzung in einem Monatsmagazin veröffentlichte. Seither hat sie viele Leichen in Ostfriesland hinterlassen. Sie arbeitet mittlerweile an drei Krimi-Reihen in Ostfriesland mit Kommissar Guntram in Leer, Jan Krömer in Aurich und Eva Sturm auf Langeoog! Seit August 2016 gibt es auch eine Friesland Krimi-Reihe mit Joachim Stein, den alle nur „Der Adler" nennen.

Besuchen Sie die Autorin hier: www.moa-graven.de

NEU: Die Ostfrieslandkrimis App von Moa Graven zum kostenlosen Download!

Der Adler – Joachim Stein Krimi-Reihe

Der Adler – LaLeLu ... und tot bist du - Band 01
Der Adler - KALT - Band 02
Der Adler - NEBEL - Band 03
Der Adler - Lebenslänglich - Band 04
Der Adler – Der Nachbar – Band 05
Der Adler – Irreparabel – Band 06

Alle Bücher sind als Taschenbuch oder eBook erhältlich!

Die weiteren Krimi-Reihen von Moa Graven

Die Eva Sturm Krimi-Reihe im Überblick

Verliebt ... Verlobt ... Verdächtig - Band 01
Justitias Schwäche - Band 02
Bitterer Todesengel - Band 03
Blaues Blut - Band 04
Stille Angst - Band 05 (Overcross-Special mit den drei ostfriesischen Ermittlerteams von Moa Graven, die einen Fall auf Borkum lösen)
Schiffbruch - Band 06
Auf dich wartet der Tod - Band 07
7 Tage Regen – Band 08
Wenn es Abend wird, mein Schatz ... – Band 09
Stirb leise ... – Band 10
Der letzte Tanz – Band 11
Und alle haben geschwiegen – Band 12

Alle Bücher sind als eBook und Taschenbuch erhältlich!

Kommissar Guntram Krimi-Reihe

Mörderischer Kaufrausch - Band 01
Mord im Gebüsch - Band 02
Mordsgeschäfte - Band 03
Das Meer schweigt ... - Band 04
Märchenhafte Morde - Band 05
Hinter verschlossenen Türen - Band 06
Teezeit - Band 07
Wer erschoss den Weihnachtsmann? - Band 08
Hannah – Vergessene Gräber - Band 09
297 Tage - Band 10
Tod einer Prinzessin - Band 11
Die im Dunkeln bleiben - Band 12

Alle Bücher sind als eBook und Taschenbuch erhältlich!

Profiler Jan Krömer Krimi-Reihe

KillerFEE – Band 01
Todesspiel am Großen Meer – Band 02
Kneipenkinder – Band 03
Fallensteller - Band 04
Flächenbrand – Band 05
Blindgänger – Band 06
Fremder - Band 07
Die Puppenstube - Band 08
H.E.A.T.H.E.R – *Band 09*
Lautlos - Band 10

Alle Bücher sind als eBook und Taschenbuch erhältlich!

www.ingramcontent.com/pod-product-compliance
Lightning Source LLC
Chambersburg PA
CBHW031443040426
42444CB00007B/953